50代の壁

人生の分かれ道を決断する36のヒント

江上 剛

PHP文庫

○本表紙図柄＝ロゼッタ・ストーン（大英博物館蔵）
○本表紙デザイン＋紋章＝上田晃郷

文庫化にあたって

江上　剛

私がPHP新書『会社人生、五十路の壁』を上梓したのは平成30年（2018年）である。思いがけないほど多くの人に読んでいただくことができた。今回は、それを装いも新たに文庫として読者の皆さんにお届けできることになった。非常に光栄なことであり、幸甚の至りである。

実は、私は本書を書いていながらも「五十路（いそじ）」を目前にした49歳で勤務していた銀行を退職し、作家として新しい人生に踏み出した。

タイトルに「会社人生」と謳（うた）いながら50代では会社人生を歩んでいない。「看板に偽りあり」との誹（そし）りを受けても甘受しないといけないと考える次第である。

言い訳を許していただけるなら、私自身としては50歳になってしまえば新しい人生を歩む決断が鈍ってしまい、辞めるに辞められない事態や立場になってしまうことを懸念したのである。まさに「エイヤ！」の無謀な退職決断だった。

ところで作家と言えば聞こえはいいが、私は芥川賞や直木賞という権威ある文学賞は勿論のこと、それほど有名ではない文学賞も一切獲得していない。世間や出版社などが作家と認めてくれるから作家としてやっていくことができているのである。

だから当初は肩書を「元銀行員」としましょうかとテレビ関係者から言われたことがある。そんな時は意地でも「作家でお願いします」と答えた。作家として生きていく決意の表れと言ったら格好良すぎるだろうか。

とにかく銀行という大きな組織の後ろ盾を自分の決断（家族から見れば身勝手）で打ち捨ててしまい、1人で生きていかねばならないのだ。家族の生活を支える責任もある。

私は、依頼される仕事は何でも受けた。テレビ、講演会、書評、コラムそして小説の連載などなど。非常に多忙を極めた。断ったら、仕事が無くなるとの恐怖に怯えていたのは事実である。

ただし、そんな状況でも私の意地（相手から言えば無理筋）を通し続けた。

私のデビュー作は『非情銀行』（新潮社、のち講談社文庫）であり、銀行の内部告発的小説だった。それが割合と売れたのである。

ある編集者は「江上さんは銀行小説を書いてくださいよ。それがウリですから」としたり顔で言った。いかにも私のことを考えていますという表情だった。

私は銀行を内部告発しようと思って『非情銀行』を書いたわけではない。働く人の一人一人が生き生きと働くことができない組織の在り方を変えることができたらという願いを小説にしたのだ。

それなのに編集者は「柳の下に泥鰌が2匹も3匹も」いるかのような依頼をしてきたのである。

私は、彼の申し出を嫌悪し、拒否した。銀行組織の枠から飛び出した私を、再び枠に嵌めようとする姿勢が許せなかったのである。作家になった以上、私は、私が書きたい物を書く。私の作家としての領域を拡大するような作品を書かせて欲しい。

今から考えれば、たいした実績もない作家が、よくぞこんな姿勢を編集者に貫いたものである。

しかしお陰で私はいろいろなジャンルの小説にチャレンジすることができた。売れた小説もあるが、売れなかった小説もある。しかし最初に枠を嵌められなかったおかげで、私はいつでも楽しんで小説を書くことができた。だから20年も作家としてやっていくことができているのだと思う。

銀行という組織を飛び出して、後悔はしていないが、辛いことも多かったのは事実である。

会社人生では五十路の壁を経験しなかったが、フリーの立場で五十路の壁にこっぴどくぶち当たった。それをなんとかよじ登り、今では70歳という古希の壁が近づく年齢になってしまった。

最悪だったのは、日本振興銀行破綻問題である。日本で最初のペイオフを行い、なんとか処理を終えてほっとしたのも束の間、整理回収機構から50億円もの損害賠償訴訟で訴えられ、負ければ破産するところまで追い詰められた。

なぜ私がこんな目に遭わなくてはならないのかと悔しく、腹立たしかった。講演会やテレビなどの仕事は無くなってしまった。新聞などのコラムの連載も消えた。銀行を破綻させ、謝罪会見をした人間に世間は冷たいのである。あの時ほど銀行という組織に守られていたことがどれほど価値があったのかを思い知らされたことはない。42歳の時、第一勧業銀行総会屋事件で、猪突猛進にトップを退任に追い込む行動をとることができたのは、組織が背後で守ってくれていたからだろう。

それでも私は自滅するわけにはいかない。後ろ盾が無くなっても潰れるわけにはいかない。自分が選択した人生に敗れることになるからである。

こんな事態に追い込まれた私を支えてくれたのは、小説を書くという行為である。連載小説を掲載していただいていた出版社には、謝罪会見をした人物、銀行の破綻処理をした人物に小説を書かせるのかと抗議の手紙などが届いたこともあった。しかし編集者たちはそうした抗議の声に屈すること無く、私に書きたい小説を書かせてくれたのである。感謝しすぎてもしすぎることはない。

こうして私は、作家というフリーの立場で組織の後ろ盾がなかったにもかかわらず「五十路の壁」を乗り越えることができた。これは偏(ひとえ)に編集者の方々のお陰である。彼らが私を守ってくれなければ、私に仕事を提供してくれなければ、私は「五十路の壁」の前で屍(しかばね)を晒(さら)し、朽ち果てていただろう。

私が今、文庫化にあたってこんなことを書いたのは他でもない。非常に心を痛める現実が50代の皆さんの前に突如現れてきたからである。

それはコロナという新型ウイルスによるパンデミックとロシアによるウクライナ侵攻という事態である。これらは明らかに想定外の事態である。

今までは、グローバル化が経済を発展させ、人々を幸福にすると考えられていた。しかしその行き過ぎが経済格差や環境破壊などで表に現れ、問題化しつつあったところに、一気にこのような想定外の事態が起きてしまった。

この事態を受け、今や世界経済はデフレからインフレに急変し、ロシアや中国などの東側とアメリカ、ヨーロッパ諸国の西側との対立が鮮明になった。

ポスト・グローバルな世界に突入してしまったのである。

企業は、今まで通りグローバルに活動できなくなり、先が見通せないという理由で、私から見れば安易なリストラに走り始めている。それも対象はなんと50代である。

2021年に希望退職を募ったのは上場企業80社で1万5000人を突破したという。前年の2020年が1万8635人で2年連続1万5000人超えである（東京商工リサーチ調べ）。これらの希望退職という名のリストラはすべて50代が対象なのである。

２０２１年4月にはホンダでは55歳以上、11月にはフジテレビでは勤続10年以上50歳以上がリストラ対象になった。その他にも多くの企業がまるで目の敵のように50代をリストラの嵐に晒している。その理由は、給料ばかり高くて働かないからだという。

私が『会社人生、五十路の壁』を上梓した時より、もっと高く険しい壁が50代の前にドカンと立ちはだかったのである。さらに悲惨なのは、ポスト・グローバルな世界でのそれである。

経営者はいかなる手を打てば、自分の会社を未来に生き残らせることができるのか、迷いに迷っている状態なのである（たとえ平気な顔をしていても……）。

そのため、できることは50代のリストラで人件費を減らすという安易な策しかないというのが実情なのだ。

50代は会社では部長、課長という中間管理職が多いのではないだろうか。この層の人たちは、会社に出勤することが最も重要な仕事だったといえば言い過ぎかもしれないが、彼らはコロナ禍でリモート勤務が一般化すると不幸にも不要な存在であることが明らかになってしまったのだ。

「あいつらが会社に来なくても組織は回るじゃないか」と経営者が気づき、「あの人たち、私たちの仕事の邪魔をしていただけじゃないの」と若手の部下も気づいたのだ。どんな事情にしろ、組織が垂直から水平になる時代が本格的に到来したのだ。

それに拍車をかけるのが、ジョブ型人事制度の広がりだ。これは会社が社員に対して職務内容を明確に定義して雇用契約を結び、労働時間ではなく職務や役割で評価する制度である。

過労死などの問題から働き方改革が叫ばれ、ジョブ型人事制度に注目が集まった。しかし日本の会社とは、よく言えばチームワーク重視である。他人の仕事におせっかいを焼くことでチームとして成果を上げてきた。

しかし、50代の中高年管理職にとってはジョブ型人事制度なんて採用してもらいたくはなかった。自分自身のジョブが不明確であるところに存在価値があったからだ。なんとなく上司然として若手の上に居座っている管理職が多かったからである。だからジョブ型人事制度は、喧伝(けんでん)される割には広がりを見せていなかったように思える。

ところが、コロナ・パンデミックが襲ったことでジョブ型人事制度が一気に広がりそうな気配だ。

会社側はリストラとジョブ型人事制度で、コストパフォーマンスの悪い50代を狙い撃ちし始めたのだ。これが現在の状況である。

50代にとって最悪の時代＝ヘル・フィフティ（地獄の50代）が到来したのである。

私が上梓した時とは比較にならないほど堅牢な「五十路の壁」がそびえ立っている。というのは、経営者でさえ先が見通せない時代なのに、多少の割り増し退職金をもらったとしても会社という組織の後ろ盾がなく、これから続く数十年（平均寿命から見れば約30年、人生１００年時代だとすると約50年！）を生きていかねばならないのである。

１人だけで生きていくのなら、まだなんとかなるかもしれない。しかし妻がいて、子どもがいて、彼らの人生にも責任を持たねばならない。中には、郷里に老いた親（妻の親も含めて）がいて、介護を必要とする可能性もある。親を老人ホームに入居させるには多額の費用が必要である。生活費、子どもの学費、親の介護費用、やがて到来する自分自身の介護費用も考慮しておかねばならない。

会社という組織を離れて、こんな過重責任を負いきれるのだろうか。まさに最近、人口に膾炙（かいしゃ）されている「老後破産」を危惧せざるを得ない。

50代の新たな受難の時代を前にして私の『会社人生、五十路の壁』が文庫化されるということは、手前みそに聞こえるかもしれないが、大いに意義があると考える。

49歳で会社という後ろ盾を自ら打ち捨ててしまった男が、七転八倒しながらも、なんとか古希（70歳）までもう少しというところまで生きてきたのである。50代にとって最悪の時代を迎え、「五十路の壁」をよじ登る1本のロープぐらいにはなるのではないだろうか。

私が、リストラ対象の50代に言いたいことは1つだけである。「意地を張れ」ということだ。ありていに言えば身勝手に生きろということだ。

会社がリストラを迫っても、ホイホイと受けるんじゃない。とことん会社にしがみつくべきである。今までの経験も実績もまったく評価せずリストラを迫ってくる会社に一泡吹かせるなら、居残って、意地を張り、身勝手に振る舞い「異端」として会社内に居場所を作るのだ。

私が作家になった時、生意気にも編集者に書きたい物を書かせて欲しいと言ったのも、意地であり、身勝手な振る舞いだった。せっかく作家になったのに出版社という組織の言いなりになりたくなかったのだ。「異端」として生きるためには、今までにない努力が必要になる。そうしないと無視されてしまうだけだ。少なくとも私はそうしてきた。

「異端」的に身勝手に振る舞うと、小説を書くという仕事が楽しくなった。仕事といえば苦痛を伴うというのが相場だが、楽しいのである。極端なことを言えば、小説を書くことが、自分自身のエンターテインメントになったのだ。「異端」的に意地を張って、身勝手に振る舞った結果であると言えなくもない。

リストラ対象の50代が私のアドバイスにしたがって「異端」として会社内に居場所を作ろうと覚悟した瞬間に、仕事は与えられるものではなく、自分のものに姿を変えるだろう。やらされたり、役員のご機嫌取りの仕事ではなく、本物の自分の仕事になるのである。やらされる仕事から、やりたい仕事へのチェンジである。

このチェンジに成功すると、私が小説を書くことが楽しくなったのと同様に、リストラ対象の50代のあなたも仕事が楽しくなるだろう。

どんな時代が訪れようと、どんな不都合な事態になろうとも、仕事が楽しければ夢中になれる。夢中になり、楽しく仕事をすれば、自ずとあなたの会社内外で居場所ができるだろう。

もし、やむを得ずリストラに応じて会社を退職することになっても、後ろ髪をひかれるような思いを残して退職すべきではない。「ありがとうございました」と気持ちよく頭を下げて、組織の後ろ盾がない世界に飛び込もう。その時も意地を張り、身勝手に振る舞い、「異端」となるように努力するのだ。

どうしたら仕事を楽しくすることができるか、それを見つける1つの方法が「異端」になることだ。50代の今まであなたは会社のために「正統」として従順に歩んできたかもしれない。それなのに会社はあなたをリストラしようとする。それならば「ニヤリ」と不敵な笑みを浮かべて「異端」になる道を選ぶのだ。このチェンジを会得できれば、あなたは易々と「五十路の壁」を乗り越えることができるに違いない。

悲しそうに俯いたり、未来を悲観したりせず、明るく楽しく「異端」の人生を歩もうではないか。文庫『50代の壁』はそんなあなたを応援する。

50代の壁　目次

第2章　サラリーマンは50代からが2度美味しい
――「続ける派」へのアドバイス

第3章 50代からの「出直し」戦略
――「辞める派」へのアドバイス

第4章　50代からあと何年、働きますか

エピローグ 50にして天命を知る

プロローグ◎50代の壁とは?

50代の壁とは、50代でぶつかる人生の壁のことだ。これは確かにある。

私自身、49歳で旧第一勧業銀行（現・みずほ銀行）を退職した。

退職理由はいろいろ挙げることができるが、第一の理由は「嘘つき」になりたくなかったのだ。

私は、それまで銀行内で順調に昇進していた。経営トップの言うことに素直に従っていれば、確実に役員になれるという親切なアドバイスをしてくれる先輩行員もいた。しかし当時の経営方針に賛成できなかった私は、このまま銀行にしがみついていたら、「嘘つき」になると思った。それがものすごく嫌だった。

目出たく役員になれたとしてもさらに高みを望むなら、従いたくない方針に従い、取引先や部下に心にもないことを言い、迷惑をかけなければならないだろう。

そんな生活から解放されたい！　そう思った瞬間、辞表を提出していた。

それからは波瀾万丈だった。

作家、コメンテーターとしてなんとかやっていたと思ったら、急に暗転。日本振興銀行の社長として日本初のペイオフ（金融機関が経営破綻した場合、預金者の元本と利息を1000万円を上限として保護すること）による破綻処理を担うことになり、その挙句、長い裁判を戦う羽目になった。負ければ破産だ。うつ病寸前で自殺願望に囚われたこともある。しかしマラソンに出合って、その危機を乗り越えることができた。

50代の壁は突如現れる

今、50代を振り返ってみて、「きつい壁だったなぁ」とつくづく思う。よく乗り越えられたな、と自分自身で感心するほどだ。

50代の壁は、突如、目の前に立ちはだかる。

恐ろしいことにそれは、それまでまったく見えなかった壁だ。よじ登ってこようとする者を完膚なきまでに排除するほど、高くそびえ立っている。どこを探しても手や足をかけるところがない。

孔子は、50代は「天命」を知る年代だと言ったが、そんな悟りの境地に達するためには、その壁を、もがき苦しみ、血反吐を吐きながらも乗り越えなければならない。

50代になれば、誰でも体力、気力の衰えを自覚するようになる。まだまだ元気と言っている人も無理をしているだけの場合が多い。家庭のある人は住宅ローンの返済が終わらないのに子どもの学費が嵩み、経済的にも負担が大きくなる。会社では、バブル採用世代と言われ、ポストがなく、肩身が狭い。これまで真面目に頑張ってきたのに、どこにも自分の居場所がないことに気づく。不安で、どうしたらいいか分からない。

それが50代の壁が突如、立ちはだかる理由だろう。50代こそ迷いの年代なのだ。

しかし、50代の壁の前で立ちすくんでいたって何も始まらない。

手や足をかけるところがないなら、自分で足場を作ればいい。あなたには若い人にはない経験がある。

それはやや干からびかけているかもしれないが、壁に抗った血と涙、汗がそこに加われば、セメントに水を足すと強固なコンクリートになるように、びくともしない足場になってくれる。それを一歩ずつ登っていけば、きっと壁の向こうを見渡せる高みにたどり着けるだろう。

50代は、人生１００年の折り返しに過ぎない。まだまだゴールじゃないんだぞ。

本書が、50代の壁を乗り越える一助になれば幸いである。

第1章 ◎ 「負け組」50代にならないために

1 バブルの壁

バブル世代にもっと光を

今、50代の会社員はバブル採用組と言われている。泡沫採用なんてなんだか嫌な表現だ。中身がまったくない気がする。

1988年から1992年頃のバブル時代、日本は本当に元気がよかった。日本がアメリカを買ってしまうなんて言われるほど、勢いがあった。

アメリカの財政赤字と貿易赤字という「双子の赤字」をなんとかするために各国の財務大臣が集まってドル安、円高誘導することに合意したのが1985年のことだ。

これが有名なプラザ合意。その時の日本の首相は、中曾根康弘氏。アメリカの大統領はロナルド・レーガン氏。この2人は「ロン・ヤス」と呼び合って意気投合。なんだかその後の安倍首相、トランプ大統領の「ドナルド・シンゾウ」みたいだね。

アメリカの大統領と日本の首相がファーストネームで呼び合うのはいいけど、そんな時ってたいていアメリカの要求が強力で、無理やり言うことを聞かされる場合が多い気がする。

この時もそうで、中曾根首相はアメリカの「双子の赤字」を解消するために円高にした。そのため国内は円高不況となり、日銀は低金利政策を採用。日本国内にジャバジャバとお金を供給した。そして中曾根首相は、ＮＴＴやＪＲ、ＪＴなど公社の民営化を図り、内需拡大政策を進めた。

その結果、銀行から湯水のようにお金が供給され、それらは株と不動産に集中してしまったわけだ。

株長者や不動産長者が現れ、国内は金満家が溢れ、ディスコでは髪形はワンレン、服装はボディコンの女性たちがひらひらと扇を振り回してお立ち台で踊りまくった。

その頃、私は都内の支店、続いて本部で働いていたが、毎日、朝の2時、3時まで働いたり飲んだりして、タクシーで帰宅し、また朝7時には家を出るという気がおかしくなるような働きぶりだったが、まったく疲れなかった。

バブルって意識はなかったけれど、やりたいことはなんでもできる。予算は使い放題。仕事が楽しくって仕方がなかった。楽しいと疲れないんだね。

その頃は、どの会社でも採用予定人数が例えば１００人だったら２００人、３００人と、例年の２倍、３倍も採用した。

とにかく人だったら誰でもいいという雰囲気だった。オイルショック後の就職難だった昭和52年に入社した私は、信じられない思いで採用風景を見ていた。

採用の応援に駆り出された私は、人事部の採用担当が、「とにかく内定を出してください」と言うのに驚いた。とても採用基準に達しない学生もおり、「名前さえ書ければ採用するのか」と怒鳴ったほどだ。

「行きはよいよい　帰りはこわい」という歌があるけど、バブル採用の人は、この歌の通りだ。

なぜこんなに大量採用したのだろうか。

日本経済は、まさに爆発していた。グローバル、インターナショナル、証券化、システム化などの言葉が飛び交い、未来はどこまでも広がっていた。

だからどんどん部署を拡大していたのだ。未来永劫（えいごう）、人材不足になるのではないかと懸念されていた。

人数は多いがポストは少ない

ところがバブルが崩壊。日本経済は、長い低迷のトンネルに入り込む。

バブル採用の社員たちは、入社時が会社人生のピークで、そこからは下りっぱなし。

銀行で言えば、新しい業務に就かされることもなく、巨額の不良債権の発生、それらの回収、取引先に対してはひたすら貸し渋り、貸しはがし。

2013年に放送され、大ヒットしたテレビドラマ『半沢直樹』(TBS系列)のお父さんが自殺したのはこの時代。バブル世代は、なんのために銀行に入ったのか、ストレスが溜まり放題で勤務するようになる。

そしてようやく景気が回復し始めたのだが、今度はAI(人工知能)やIoT(モノのインターネット)の時代となり、バブル採用世代に回すポストはなくなってしまった。

今や東証プライム市場企業の6人に1人はバブル世代と言われ、完全なお荷物となっている。

早期退職制度などを採用して、退職金を数千万円も上乗せしてもいいので会社から出ていってほしいと言われる始末だ。

国会で議論されている働き方改革だって、実は、バブル世代をいかに活性化させ、生産性を上げるかが課題なのだ。

今や企業の枠を超え、日本社会の働き方問題の中心となった感のあるバブル採用世代。この世代をどれだけ活性化できるかという課題の解決が、企業の生死を分けることになる。

どうせ俺はバブル採用だからってひねくれている場合じゃありませんよ。

しかし、バブル採用世代の長所もある。バブル世代は思いの外、忠誠心が強いということだ。浮かれた学生生活を過ごした割には、現実直視能力に優れていて、経営が苦しい会社を必死で支えて来た経験もある。

そんなバブル世代は、もっと報（むく）われてもいいはずなのにリストラ対象とは、あまりにも無慈悲。私はリストラされるべきは「老害」経営者の方だと思うが、皆さんはどう思うだろうか。

2 ポストオフの壁

サラリーマンの分岐点①　50代になったらリセット

とにかく50代は同期入社の数が多い。その中で役員になるのは多くて2、３人といったところだろう。

役員になれなければいつまでも部長のポストに座ってはいられない。だいたい55歳までには役職定年を迎えるのではないだろうか。

要するにポストを若い奴に譲ってやってくれということだ。

役職定年になると社内フリーランスの立場か、あるいは関係会社や、その他、取引先企業に出向なんてこともある。

最近、金融庁の幹部と銀行の将来について話をした。

銀行員の大量リストラ時代が到来する可能性が高い、という話題で盛り上がった。

そこで結論は、人材を抱え込んでいるのだから、それを外に出して活用すべきだということになった。若いうちからいろいろな会社に出向させ、そこで経営を学び、戻ってきて偉くなる。そんな、川で生まれた鮭が海に出て大きくなって、また川に戻ってくるような仕組みを作ったらいいというのだ。

それはいいということになったのだが、ある幹部が、「そんなに役に立つ人間が（銀行に）いますかね」ということを言い出した。

こうなると身も蓋もないんだけど、「人材はいるだろう」という結論になった。たとえ50代になったとしても、取引先に出向し、そこで成果を上げたら、銀行でも偉くするという仕組みを作ればいい。

もったいないと思わないか。人生１００年時代なんて掛け声が高い中にあって、50年で未来に暗い影が差し、その後、まったく面白くない人生が待っているなんて信じられない。この少子化の時代に、50代なんてまだまだ貴重な働き手だ。

私だって49歳で銀行を辞め、作家デビューしたわけだから、皆さんだってまだまだやれるし、やらねばならない。

50代——世間では、まだまだ若いですねと言われる年代だ。なのに会社ではおじいさん扱い。そのギャップはなぜなのだろうか。

それは50代の部長あたりが、仕事に好奇心を失い、安っぽいプライドにしがみついているからじゃないか。

新しい業務や新しいシステムなどに関心を示さない。自ら、もう一丁上がり的な態度でいる。口を開けば、「俺の若い頃は」か「今の若い奴は」だ。これでは自分や周囲の身も心も腐ってしまう。

だから早くどこかへ行ってくれということになる。

1人プロジェクト、スタート

50歳というと大学卒なら会社に入って28年ほど経過している。中途採用の人や高卒の人もいるから28年という勤続年数は誰にでも当てはまるわけではないが、それでも相当な期間にわたって勤務していることは間違いない。

だったら1度、リセットしようよ。それがいい。50代になったらリセット。役職も何もかも自分の意志で捨てて、裸になって、新入社員の時のようになって、一から会社人生を始める。

何をするかは、それまでに考えておく。会社の中でやり残したことを実行に移すのだ。1人プロジェクトというわけだ。

50代になったら、私は会社のためにこんなプロジェクトを行って貢献しますから、会社は応援してください、と言うのだ。

50代でようやく部長になったって、そんなポストを後生大事に守っていることなんかにまったく意味はない。

そんなポストは返上してしまうに限る。どうせ会社もまったく期待していないのだから。

それでも部長というポストに執着する人もいるかもしれない。だけどそんなものは意味がないことを早く知るべきだ。

そもそも、部長ポストの意味を考えてみよう。会社はあなたに大きな仕事をしてもらいたいがためにそのポストに就けているのだ。それが、もう「いいですよ」と言うのなら、返上せざるを得ないだろう。グズグズ言わないで、「お世話になりました」と言うのが筋を通すことでもある。その代わり、「私のやりたいことをやらせてくれませんか」と頼めばいい。部長時代は、部下の人事評価や社内会議ばかりに時間をとられていたことだろう。晴れてそこから解放されるのだ。こんな楽しいことはない。もともと忠誠心の強いあなたの要求だ。会社は「ＯＫ」を出してくれるだろう。

ある大手飲料メーカーは、ポストオフした元部長たちで営業部隊を組織した。「一兵卒になって缶コーヒーを売ります」というわけだ。また、ベンチャー企業を起業させたりしているらしい。そこでは新しいエナジードリンクを開発している。まだ成果が出たとは聞いていないが、そのうち精力増進の「マカ」でも加えたエナジードリンクが自動販売機で買えるようになるかもしれない。

私の知り合いも、自動車販売会社を辞める代わりに自らポストオフさせてもらい、歩合制になった者がいる。

「自由が欲しかった」と彼は言った。今では、会社の製品をもっとも多く販売するトップセールスマンだ。

「部下の管理も不要だからいいね」と彼は満足げだ。

3 働き方改革の壁

サラリーマンの分岐点② 自分で始める働き方改革

2018年春の国会では、働き方改革の議論が盛り上がりを見せた。残業代や残業時間の制限をなくす高度プロフェッショナル制度の問題などが波紋を広げた。

特に裁量労働制についての議論が熱い。

議論の最中、厚生労働省が提出した裁量労働と一般労働との労働時間の比較データが、まったく異なる基準で比較されており、データとして使えない等のてんやわんやが起きた。結局、当時の安倍首相が、裁量労働制導入は諦めることになった。厚労省のデータ間違いの責任を取った形になったのだが、これで当面、裁量労働制導入は無理だろうと言われている（それでも令和3年の厚労省の報道資料では、1万1750か所の事業場で採用されている）。

ここで少し、裁量労働制を考えてみる。

これは経営者の集まりである経済団体が政府に強く要求している制度なのだが、多様な働き方というものの、私にはその背後に人件費の削減が見えているから、諸手を挙げて賛成しがたいところがある。

なぜ、経営者は裁量労働制に固執するのか。その理由はバブル世代の社員たちをどのようにしたら活性化させることができるかと悩んでいるからだ。

裁量労働制を採用して、せめて時間外勤務に一定の制限を加えれば生産性が上がると考えているのだろう。

しかしそんなことをして本当にバブル世代社員、すなわち会社の中高年社員が活性化し、生産性が向上するのだろうか。

働く時間より成果で評価する、成果を上げた者が出世する……。こんなことを今さら言われなくてもバブル世代は、ずっとそういう状況に置かれてきたはずだ。

もちろん、工場勤務の人たちはタイムカードがあって労働時間を縛られて働いている。

しかしホワイトカラーと言われる事務、企画、営業などの人はどうだろうか。

バブル崩壊後は成果で評価され続けている。

口を開けば、実績を上げろ、遊んでいるのか、給料泥棒と怒鳴られる。もういい加減にしてほしいと悲鳴をあげ、うつ病になってしまうほどだ。裁量労働制なんて制度を採用しなくても、時間外勤務などまともに記帳できるはずがない。かく言う私だって銀行員時代はタイムカードなんてないから、とにかく早く来て、遅く帰るのが当然だった。時間外勤務なんて記帳したことがない。

今思えば、あの頃こそ働き方改革をしてほしかった。

２０２０年からはジョブ型人事制度の採用が進み始めている。労働時間ではなく職務で人事評価すると言う。経営者はあの手この手で人を効率的に低コストで働かせようとする。私から言えば皆が楽しく働くことができる職場にする工夫が第一だと思うのだが……。

成果で評価、どんと来い

中高年社員の人たちは、「今頃、成果で評価するなんて、何言ってんだよ」と暗い目で横睨（よこにら）みしているんじゃないか。そんなことより成果を上げて会社を支えているのに、邪険にしすぎだろうと怒っているのではないか。

「失われた20年」と言われる日本経済の超低迷期を、まがりなりにも支えてきたのは、バブル世代だ。バブル世代の会社員人生は、まるまる低迷期と重なっている。バブル世代が原因で低迷したのではない。むしろバブル世代が忠誠心を発揮して頑張ってくれたから底が抜けなかったのだ。もっとバブル世代を大事にしようではないか。

バブル世代は決して会社の中で無為に過ごし、それで給料をもらっているわけではない。むしろ新たに入社してきた若い社員の方に、給料泥棒的な社員が多い。さっさと仕事を切り上げて帰宅するし、残業もしない、新しいことにもチャレンジしない。「時間を切り売りしているのが労働者なのだ」的な発想をしている人間が多い。

そんな部下を持っているから、バブル世代は、ストレスでイライラするのだ。

バブル世代の中高年社員よ、今こそ立ち上がれ！ そしてバブル世代こそ会社にもっとも忠実で仕事の質も高く、熱心に仕事に取り組む社員であることをアピールしようではないか。

成果で評価されたら、困るのは若い連中だ。バブル世代は、慣れたものだ。どんどんどん成果で評価してくれ。その代わり、どんどん成果が上がるような仕事を勝手にやっちゃうぞ。それくらいの意欲があっていい。

経営者の言いなりになって、ぶつぶつと不満を抱く働き方改革なんて意味がない。

50代になったら自分で働き方改革を進めよう。何事も自分の方から動いてみることだ。それこそ「天命」を知る年齢なのだから。

4 出向の壁

サラリーマンの分岐点③　「イタい50代」を見て我がフリ直せ

50代になると、人間としてのそれまでの蓄積の差が如実に現れるようになってくる。

人格、教養、財産など、何もかも蓄積がものを言う年齢だが、なかなかそうは問屋が卸さない。

私が言うのだから男性に限るのだが、50代になると、ご飯を食べると、歯の間に食べた物の残りカスが溜まるようになる。

それを爪楊枝でほじり、出てきたカスをじっと見つめ、ペロッと口に入れ、飲み込む。

そしておもむろに茶を飲む。グジュグジュとうがいをしてから飲み干す。

昼食を食べ終わった後、以上の動作を若手女子社員の前でやれば一発で終わりだ。誰も可愛いとは言ってくれない。不潔！　と悲鳴をあげられるだろう。カラオケに行けば、やたらとデュエット曲を歌いたがる。平気でおならをするし、くだらないオヤジギャグで笑わそうとする。

孫のいる人は孫自慢を始めると止まらない。そんな人も妻のことは怖い、厳しいと嘆く。いかに妻に虐待されているか、自虐的に話し、ネタにする。

電車の中で何をやっているかと思えばスマホでギャル漫画を夢中で読んでいたり、ゲームに興じたりしている。これで時代についていっていると誤解している。

若い頃は毅然としていたのに、どうして年齢を重ねるにつれて外見がだらしなくなっていくのだろうか。本当は、ナイスミドルと言われる男になっていなくてはならないのに、だんだんと崩れていく。

内面も同じだ。どんどん崩れていく。

まず守りに入る。現在の地位、たいした地位じゃなくても、それを守りたいのだ。

守りに入ると人は内面から腐り始める。

「まさかあの人が」――出世の不満から起きた痴漢事件

銀行の広報部次長だった時、ある事件に遭遇した。それは行員の痴漢事件だ。その行員は東京大学出身で能力は高かったと思うのだが、あまり偉くなれなかった。支店長にはなったが、大きな基幹店ではない。

不満を抱いていた。いつも周囲に「あいつは俺よりバカなのに」と役員になった先輩や同期のことをののしっていた。彼は、ある企業に出向した。名のある会社だった。しかし役員ではなかった。部長だった。

ある日、広報部にとんでもないニュースが飛び込んできた。彼が痴漢で逮捕されたというのだ。

すわっ、一大事！

私は、総務部に警察とのコンタクトと情報収集を頼み、人事担当役員に連絡し、すぐに出向先の会社の社長に会ってほしいと頼んだ。

出向先の社長と会う段取りは私の方でつけた。

私は人事担当役員に同行し、社長の自宅に赴（おもむ）いた。人事担当役員は社長に事件のことを謝罪した。

事件は、酒に酔っていた彼が、電車内で座席に座っていた女性客の前で、ズボンのファスナーを上げ下げしたというものだった。

人事担当役員は、彼を銀行に引きあげてもよいが、もし温情があるならそのまま留まらせてほしいと頼んだ。彼は、今は出向だが、早晩、転籍になる予定だった。

社長は温かい人で、大きな問題にならなければ、このまま我が社で働いてもらって結構だと言ってくれた。

弁護士、警察関係者などを総動員して、なんとか示談に持ち込み、彼は釈放された。

なかなか所属している会社などを言わなかったので、警察の心証が悪く、てこずったのだが、なんとか、大きな問題にならずに済んだ。

彼は、出向中の会社に転籍し、ほとぼりを冷ますために海外勤務となった。

なぜ彼が痴漢騒ぎを起こしたか。それは彼の不満にあった。騒ぎを起こしたのは、銀行で新しい役員が発表になった日だった。彼は、出向先のあるパーティに出席し、酒を飲んだ。

自分は銀行の役員になれないのに、「バカな後輩」が役員になる事実を知って、悪酔いしてしまい、それで電車で帰宅する時に、尿意を催し、夢見ごこちで、ズボンのファスナーを上げ下げしてしまったのだ。

週刊誌がこの騒ぎを嗅ぎつけ、記事にしたが、私は「彼は夢を見ていたのです」とコメントした。このコメントは秀逸だと他行の広報に褒めてもらったが、それはさておき、いつまでも過去の栄光にこだわっていると、こんな目にあうという話だ。

過去は過去、今は今ということだ。幾つになってもその場、その場で頭を切り替えて暮らさなければならない。

別の人の例を話そう。

この人も東大出身だったが、出向先でまったく腰が定まらなかった。

彼はエリート意識が強烈で、銀行員時代、企業との懇親会などに行くとアメリカ留学と東大時代の先輩、同期、後輩などが大蔵省（現・財務省）や日銀でいかに重要な地位に就いているかを必ず話題にした。

その場にいた私は、相手が鼻白む様子がありありだったので、話題を転じようとしたが、彼は話を止めない。とにかく酒宴の最初から最後まで自慢、自慢だった。きっと彼は役員になれると思っていたのだろう。しかしなれずに企業に出向、転籍した。出向といっても、その先は一流の上場企業だ。破格の待遇だと言ってもいい。

しかし彼には不満だったのだろう。銀行で役員になれなかった自分が許せないのだ。それで相手先企業でも「銀行では」と銀行時代の自慢を繰り返した。一年も持たずにお払い箱になった。その後、幾つかの企業を斡旋された（銀行は温情がある）が、どこもすぐにお払い箱になる始末だった。その後は、銀行の関係会社に勤務していたようだ。

人間到る処青山あり

とにかく過去の亡霊、出身大学などにこだわっていると、心が腐る。心が腐るくらいなら、まだ爪楊枝で歯の間のカスを取り除き、茶でグジュグジュとうがいしている方が無難かもしれない。

会社員が出向、転籍するのは運命だ。まだ出向、転籍先があるだけ幸せと感謝すべきだ。その運命を甘受し、「人間到る処青山あり」の心境で働けば、まったく新しい人生や楽しみが見つかると心得るべきだろう。

5 左遷の壁

サラリーマンの分岐点④　やめるのか、続けるのか、それが問題だ

会社員も50代になれば、はっきり出世の明暗が見えてくる。閑職に異動となり、「安定した身分と給料を取り、仕事に喜びを見出せないまま今の会社にしがみつくべきか」、それとも「新たな道へ踏み出すべきか」と悩む人も出てくるだろう。

あなたにものすごい成果があれば、ちょっとした規模の会社なら50代は役員になるかどうかの年齢だよね。でも成果を上げたから役員になれるとは限らない。むしろ嫉妬されたり、警戒心を抱かれたりして出世できないことの方が多いかもしれない。適度に無能で、ゴマをすれる人間が出世するのが世の常だ。私も役員間違いなしと言われた時もあったが、もし銀行に残っていたら、警戒されるなどして役員にはなれず、きっと不満たらたらの人生を送っていただろう。

それはともかく、会社員なら、いずれは閑職への異動や第一線を退くのは当たり

前。甘んじて受けるべきです。

そうは言うもののしかし、あなたが同期に比べて圧倒的な成果を上げていて、周囲、特に部下もあなたの出世を望んでいるような状態にもかかわらず閑職に回されたのなら、やっぱり悔しいだろうね。

いっそのことケツをまくって（失礼な表現ですみません）やろうかと思われるのも、これまた当然。

でもねぇ……。よく考えた方がいいなぁ。

私は、いろいろな事情があって49歳で銀行を辞めたんだけど、40代と50代とではまったく違う。

40代なら、まだ遠くへ飛べそうな気がする。失敗しても、もう一度やり直しがききそうだ。子どもも、まだ小さい。金がかかるようになるまでには時間がある。妻も若い。きっと応援してくれるだろう……。

これが40代。

ところが50代になれば、まったく景色が違ってくる。

体力も衰えている。白髪も増えた。意欲もなくなってきた。おしっこの勢いさえ弱くなった（ごめんなさい、こんな事例は男だけの感想かな）。

子どもは大学進学で仕送りも増えた。住宅ローンもまだ１０００万円以上残っている（ある調査によると50代で住宅ローンがある人は、だいたい１０００万円以上も抱えているそうだ）。

でも会社に残っても出世は見込めない。後輩に先を越されて、腹が立つことばかりだ。辞めたい。でも辞めたら、その日から路頭に迷うかもしれない。でも、でも……の繰り返し。

ハローワークで出会った喪黒福造（もぐろふくぞう）

私は、ハローワークに相談に行ってみたことがある。すると、相談員に大声で「あなた、甘い！」と叱られた。職業紹介依頼の書類の希望年収欄に、銀行員時代にもらっていた金額での希望収入を書いたからだ。

相談員は「50代になると、この人手不足の中でも、１歳上がるごとに10パーセントの求人が減ります。ですから60歳になると、ゼロになります。ドーン」と、アニメ「笑ゥせぇるすまん」の主人公・喪黒福造のように私に向かって指を突き出した。

「あなたは何ができますか？」

相談員が聞く。

「支店長でした。実績を上げました」

私は答える。

「支店長とは何をするのですか」

「……」

私は沈黙。部下を叱咤激励し、目標達成させるのが支店長の仕事かな？　他に何があるのかな？　部下の教育かな？　などと考えていたら答えが出ない。

「人事制度を最初から作れますか？」

「……」

再び沈黙。

人事制度？　人事部にはいたけど、そんなもの作ったことがない。

「作れないのですか？」

喪黒福造は不機嫌そのもの。

「作れと言われれば、作りますが……」

自分のことながら、自信のない答え。

「あなたねぇ、前の会社でどれだけ偉かったか知らないけど、そんなの関係ないから。職務分析して、自分にどんなスキルがあるかが勝負なんだから。若い人なら、会社は安く、長く使うことができるけど、あんた50歳を過ぎてんだよ。高い金で短い期間しか使えないんだ。そんな買い物、あんた、する？」

「……しないです」

「そうでしょう。当然だよね。高くて不味（まず）いレストランに誰も行かないのと同じ。今、あなたはそんな状態なの。冷静に自分に何ができるか考え直して、出直しなさい」

喪黒福造は、私に書類を突き返した。

私は、完全に打ちのめされた。

それで「作家しかない」と覚悟を決めた、というのは嘘だけど、本当にショックだった。

私には市場価値がない。これが現実なのだ。

人事部、広報部に在籍したなんて、ポストだけであって、そこで具体的に何をして、どんなスキルを身につけたかが問題なのだ。

私には多少自信があった。広報部では、特にリスク管理で成果を上げたし、総会屋事件後の業務監査統括室ではヤクザとも喧嘩したから、「あなたは引く手あまたです」くらい言われると思っていた。しかし、すべては勘違い。

50歳になったら、たいていの人は同じ目にあう。嘘だと思うなら、一度、ハローワークに相談に行ってみるといい。誰もあなたを求めていないという現実に絶望するから。

私は、会社にしがみつくのも才能だと思う。

65歳定年制も70歳まで延びそうだ。年金支給年齢も年々、後ろ倒しになっていく。

私のアドバイスは、「恥ずかしくないから会社にしがみつけ」というのが一番。

それでも辞めたいというなら、いったい自分は何をやりたいのだろうか、何をやりたかったのだろうかと50代の壁の前に坐禅してじっくりと内省することだ。

第2章 ◎ サラリーマンは50代からが2度美味しい

――「続ける派」へのアドバイス

6 「やりがい」の壁

仕事とは、自分の居場所である

仕事とは不思議なものだ。仕事をするうえで、収入が第一かと言えば、それだけではない。やりがいという要素がある。

やりがいとは何か。それは人それぞれだろうが、ひとえに自分の居場所ということではないだろうか。

居場所とは何か。それは自分が認められる、存在を認識してもらえる場所だ。

学校では相変わらずいじめが続いている。いじめの中でもっとも陰湿なのは「シカト」だ。存在を無視されることだ。

自分の存在がなくなると人は猛烈な孤独を感じて、さらに他者との接触を断つようになってしまう。その挙句に自殺などという悲劇を迎えることになる。

これは学校でも会社でも同じだ。会社でも居場所をなくした人は悲劇だ。

誰からもその存在を認められないで職場に居続けることはできない。

かつて窓際族などという存在がいた。会社のリストラ対象なのだが、辞めないので窓際で1日、何もせずに過ごす人のことだ。

これには懲罰的な意味もあった。

「お前は不要だ」ということを心底思い知らせるために壁に向かって座らされ、その机には電話も何もない。その人には誰も話しかけてはならない。

まるで達磨(だるま)大師が、嵩山の少林寺に入り、9年間面壁坐禅をしたように、坐禅を組み、悟りを開く修行をしているようなものだ。しかしここでは悟りではなく、絶望を自覚することになる。「もう、辞職しよう」と思うまで、その懲罰は続く。

これは本当に辛い。俺はこんなひどい仕打ちをする会社と戦う、という強い意志を持っていなければ、到底、耐えられるものではない。これは〝いじめ〟〝パワハラ〟である。絶対に許されることではない。子どもにいじめはダメだと言う大人がいじめを行っているようではどうしようもない。しかしこれが現実である。こういう会社もある。

仕事とは何かと問われれば、自分の居場所ということになる。

居場所が確保できれば、他者とのつながり、いわゆる絆ができ、それがやりがいにつながる。

他者に評価されたい、愛されたい、褒められたいなどの欲望が湧いてくるからだ。その結果が収入ということになるだろう。つまり収入はあくまで結果なのだ。

もちろん、人によっては収入第一ということもある。

自分をいくらで雇うのかという態度を示して、相手が、これこれの収入を保証するというような場合だ。これは最初から居場所が決まっている恵まれた人だ。

例えば、プロ経営者と言われるように実力を他者が認めている場合だろう。

しかし50歳を過ぎて、出向や役職定年などを迎える「普通の会社員」には無縁のことだ。

居場所の階段が消えてしまったら

新入社員の頃は、与えられたポストで必死に頑張って居場所を確保した。

次々と新しいポストを与えられ、そこでも頑張って居場所を確保した。

こうして会社の中で居場所が次々とできる。まるで雲の上に向かう階段のステップを一段、一段上っているようなものだ。そうやって上ってきたら、急にステップがなくなった。

あら！　と足を踏み外しそうになる。今まで上ってきた階段を振り返ってみた。衝撃だ。何もないのだ。今、何もない空間に漂っているような状態だ。

あると思っていた居場所の階段は前も後も消えてなくなってしまったのだ。それはあなたが歩いてきたポストが、今や不要になってしまったのか、あるいはあなた自身が会社で不要となってしまったのか。いずれにしてもあなたはふわふわと漂うことになる。

私自身もふわふわと漂いそうになったことがある。本部から15年振りに高田馬場支店長になった時だ。周囲の人からは「これで小畠（江上の本名）もお終いだ」と言われた。本部で総会屋事件の処理などで活躍し、有名人（行内）だった私は、本部でしかるべきポストに就くものと思われていたのだろう。ましてや当時は、富士、興銀との経営統合の真最中だったからだ。「大人しくしていろ。本部に戻してやるから」とおためごかしに忠告してくれる先輩もいた。私も〝まさか〟支店長になると思わなかったから、これから先どうしようかと迷わなかったと言えば嘘になる。支店長の発令を受けても、どのように支店経営するか、まったくアドバイスはないからだ。

私はどう居場所を確保しようかと考えた。しかし、地元の人や支店行員のみんなが支えてくれたので楽しく勤務できた。

ここまで考えると、50歳を過ぎたら自分で居場所を探しなさいということに尽きる。

いつまでも会社に頼って「居場所を与えてほしい」などと言っているようじゃ、ふわふわと漂うことになる。無重力の空間に命綱なしで、放り出されることになる。

名刺の「棚卸」をせよ

自分で居場所を見つけることなんかできるだろうか。

不安な人もいるだろう。それは当然だ。今まで、与えられた居場所で安住していたからだ。それは飼いならされた動物園の猛獣と同じだ。檻に入れられ、定期的に餌を与えられる。それは動物園側の言いなりになり、大人しくする代わりに餌をもらっているのだ。

餌が与えられなくなれば、猛獣は檻を破ろうとするだろう。

あなたも同じだ。今まで会社の言いなりになる条件で居場所（ここではポストではなく、あくまで会社内での存在価値の意味だ）を与えられてきた。

ところが50歳を過ぎ、いよいよ会社はあなたへ居場所を提供するのを止めようとしているのだ。

そうなったら、あなたは本来持っている野獣性を蘇（よみがえ）らせるべきではないだろうか。

長い間眠らせていた野獣性を、今こそ呼び起こすのだ。

そのための第1ステップとして名刺の整理をお勧めする。

今までの会社員人生であなたは多くの人に出会っただろう。それが名刺の山になっている。最近はスマホの中に名刺を整理できるアプリがあるようだが、それでもいい。じっと眺めることだ。

山と積まれた名刺フォルダーを見た時、自分の会社員人生がいかに充実していたかを改めて実感するだろう。それはあなたの大いなる自信につながり、あなたの本来持っている野獣性に火を点けるきっかけとなる。

そして第2ステップは、その名刺を捨てること。

ただ無意味に捨てるんじゃない。これからあなたの野獣性を蘇らせてくれる、素のままのあなたを評価してくれる、本当に真剣に仕事に向き合った時の相手の名刺のみを残すのだ。

これが名刺の棚卸、すなわち人間関係の棚卸だ。

あなたを単に会社の代弁者と見なして付き合ってきた人の名刺はさっさと捨てましょう。

さあ、あなたには何枚の名刺が残るかな。思ったより多い？　思ったより少ない？

そう、私の場合は思ったより少なかった。残ったのは、やはり一緒に苦労した人たちの名刺だった。総会屋事件の渦中にいた時、取材される側・取材する側と分かれたが、事件に真剣に向き合った新聞・テレビ・雑誌等の記者やジャーナリスト、支店現場で一緒に再建に努力した経営者たち、もちろん勤務した支店の部下たちの名刺も残った。しかし、大半の取引先は捨てることになった。でも、そういうものだ。

さて第3ステップは、残った人と改めて関係を結び直すことだ。会って話すのもよい。昔話に興ずるのもよい。私の場合は、ありがたいことに次から次へと連絡が来て、その人たちと会い、改めて親交を深めることができた。おかげで、特にマスコミ関係の友人は作家やコメンテーターなどの仕事の活路を拓いてくれた。とにかく人間関係の再構築をするのだ。

そうして分かるのは、相手もあなたと同じ思いを抱いているということだ。即ち、あなたが退職しても友人でいたいと思っているのだ。これであなたの野獣性を取り戻す準備はできた。

これは50歳になったら必ずやっておくべきだ。

これであなたは会社から居場所を奪われても、人間関係の棚卸をしたおかげで、その人たちと何かを始めることができる。

私は、なにも、その人たちと新しい会社を作れと言っているのではない。

あなたは孤立しなくてもよい、ということだ。孤独と孤立は違う。孤独は内省の時間を得ることができ、あなた自身を深めること。孤立とは居場所がなくなること。もしあなたがリストラ対象になったとしたら、あなたは、あなたのことを本当に愛し、尊敬している人と話すことで、孤立を回避し、新しい一歩を踏み出す勇気を得ることができる。それが重要なのだ。一歩さえ踏み出せば、あとは進むだけ。道はあなたの前に次々と拓けていくはずだ。

7 役職定年の壁

出世街道は「外れるが勝ち」――ある大手新聞記者の場合

生涯一記者。いい言葉だ。私の友人には新聞やテレビの記者が多い。広報をしていたからだ。

記者は記事を書くために新聞社やテレビ局に入社するのだが、いつの間にか記事を書くことを止める者が多い。取材現場を離れ、デスク、次長、局長などと管理職になっていく。役員になる者もいる。マスコミと言っても普通のサラリーマン社会と同じだ。

管理職になった者は、記事を書かなくなる。デスクとして記事をチェックすることはあるだろうが、基本的に書かない。

「編集委員」というポストがある。社内フリーランス記者のような立場だ。自分の専門、例えば経済、健康、環境などの問題に関して記事を書く。しかし、私のように毎日原稿に追われるようなことはないようだ。月に何本書かねばならないというノルマもないという。

ある友人記者が経済部長のポストを外れ、編集委員になった。

「出世街道から外れました」

彼は私に嘆いた。

大学を卒業し、一旦は商社に入社したが、マスコミへの夢断ちがたく、数年後、大手新聞社に入社した。

経済分野が専門だが、教育分野にも関心があり、活躍した。順調に出世し、経済部長になった。

「役員も近いですね」

私が冷やかし気味に言うと、真面目な顔をして「頑張ります」と答えたこともあった。出世したいという希望を持っていたのだ。〝生涯一記者〟を希望していたわけではなかったのかもしれない。

ところが意に反して役職を外され、編集委員になった。50歳を過ぎたため、ポストオフされてしまったのだ。

「もうちょっと上に行けると思ったのですが」

彼は落ち込んだ。

私は彼を飲みに誘った。そして次のように言った。

「よかったじゃないか。割り切れよ。部長職を外れたらやりたいことをやったらいいじゃないか。これで部下の管理からも上司のお守（も）りからも解放されるわけだ。新聞の売上げも新聞社の業績も気にしなくていい。

それでいてちゃんと給料はくれる。出張費も出る。必要な雑誌などは購入してくれる。会社の金で情報も入手できるわけだ。秘書もマンツーマンというわけじゃないけど、編集委員を担当する秘書がいる。こんなポストは羨ましいよ。

僕なんか、全部、自分でやっているんだよ。それでいて収入は安定しない。僕が代わりたいくらいだ」

彼は、「そうですかぁ」と懐疑的だった。部長というポスト、そしてその上の役員のポストに未練たらたらだったのだ。

ところがしばらくして彼に会うと、にこにこしている。険（けわ）しかった表情も和らいでいるような気がする。

「どう、その後は？」と私。

「江上さんに言われたことで、頭を切り替えたんです。そうしたら素晴らしい未来が見えてきました」

彼は嬉しそうに言う。

話を詳しく聞くと、最初は出世競争に負けたという、なんとも言えない悔しい気持ちになったようだ。

子どもの頃から優秀で、競争に勝ち続けてきた彼は、新聞記者になっても、同期たちとの競争に意識せずとも参加していたのだ。

そして勝ち続けていた。ところが突然、その競争から外されてしまった。そりゃ、がっくりするだろうな。気持ちは分かる。

このまま落ち込んでしまうところを、私のアドバイスで頭を切り替えた。要するに割り切ったのだ。

出世競争には参加しない。やりたいことを、やり残したことをやる。そう決意したのだ。そうしたら急に気持ちが楽になった。

今では、これまでやりたくても忙しくてやれなかった教育関係の取材を進めたり、ネットニュースのコメンテーターを務めたり、大忙しだそうだ。

「ようやく教育関係の本を出すことになったんです。いやぁ、ポストを外れるって、こんなにいいんですね」

彼の晴れ晴れとした顔を見ると、こちらまで嬉しくなった。

サラリーマンは50代から人生を2度楽しめる

彼のような一流企業の人間には、50歳を過ぎて、ポストを外されても、考え方次第では、生き直しとでも言おうか、サラリーマンは2度美味しい（グリコキャラメルのパクリみたいだが）とでも言おうか、結構楽しい人生が待っている。割り切り、考え方次第だ。

私なんか、彼に比べると大変な選択をしたと思う。まあ、運よく、今のところ作家としての仕事があるが、こんなもの、いつ無くなるか分からない。

最近、私もｉＰａｄで電子書籍をダウンロードして読むことが多くなった。これは便利だ。一度、味をしめてしまうと、重い本を持って移動することができなくなる。この間、デルタ航空でアメリカに行った。隣に座ったアメリカ人はｉＰａｄにミステリー小説をわんさとダウンロードして飛行機の中で読書を楽しんでいた。アメリカ人が厚いペーパーバックを持って空港を闊歩している姿は、もう過去のものなのか。

電子書籍になったら、我々、作家の印税は様変わりする。ダウンロードされることで課金される仕組みだから、読まれなきゃ収入が増えなくなる。私の本もたいてい電子書籍になっているが、やはり書店で売れる方が多い。電子書籍オンリーの時代になったら、たいして人気のない私なんか完全に淘汰されるだろう。厳しい時代になったものだ。

その点、会社という安定した場所にいて、好きなことをやれるなら、ポストオフ大歓迎じゃないの！

部下の管理や、上司への忖度をしなくてもよくなるだけでも、ストレスフリーになる。健康で長生きするためには、頭を切り替え、割り切って、50歳を過ぎたらポストオフになろうじゃないか。

サラリーマンは2度美味しいというポストオフだが、もっといい話がある。

ある大蔵官僚だ。彼が在職した時代は大蔵省と言っていた。今は、財務省だが……。

彼は局長まで出世した。必ず次官クラスまでは出世すると言われていた。入省時の成績も抜群だったからだ。

しかし彼は、金融不祥事の渦中の人となった。接待を受けたわけではない。住専問題などで国会が混乱を極めた時に銀行局長というポストにあったからだ。

あまり政治的に動く人ではなかった。実直に実務をこなす人だった。金融行政に対する大蔵省の間違いを素直に認めるような人だった。そのため住専問題が一段落すると、出世の階段は閉ざされていた。

彼は退官する。今は天下り（あまくだ）に関して大変厳しいが、当時はまだ天下りが一般的だった。銀行局長というポストなら引く手あまただっただろう。

しかし、彼は天下りを拒否し、自分で探し出した大学教授の道に進む。その際、夫人に次のように言った。

「大学教授になる。車も秘書もなく、収入もたいしたことはないかもしれない。それでもいいか」

多くの高級官僚は、「渡り」と言い、それまでの安月給を取り戻すかのように転々と天下りを行い、退職金で財産を太らすのが一般的だった。

「あなたがおやりになりたいように。大学教授、よろしいではありませんか。人生が2度、美味しくなりそうで」

夫人は、彼が大学教授になることに大賛成したのだ。

彼は退官した。56歳だった。その後は、大学で多くの若者に金融論を教えた。教授時代に何度か会ったが、生き生きとしてとても楽しそうだった。

次の人生を、出世などとは無縁の世界で生きる。自分がやり残したことをやる。

人生を2度楽しむ。割り切ったからこそできることだ。

いつでも自分の人生を豊かにするのは、自分の心がけ次第である。

8 出世の壁

「出世＝できる奴」じゃない

　出世するのは〝できる奴〟と思われていることが多い。しかし、あなたはこんな思いを抱いたことはないだろうか。

「どうしてあの人が転出させられて、あんな人が役員になるのか」

「うちの会社は、無能な人しか役員にならないなぁ」

　あなたの思いは正しい。現場で若手として働いている時は極めて優秀なのに、課長、部長、役員と出世していくにつれて会社員は無能になっていく。なぜなら無能にならなければ、会社では出世できないからだ。あまりに有能だと上司は嫉妬し、間違いなく潰しにかかる。〝出る杭を打つ〟のだ。ある経営者が言ったことを思い出す。

「経営者は良きナンバー2を得ることがもっとも重要なのです。しかし経営者は良きナンバー2より、自分に忠実な部下を大事にしがちです。そうして会社はいつの間にか衰退します」

〝できる奴〟は出世できない。それは上司（経営者）の嫉妬を招くからだ。この嫉妬をかいくぐるようなズル賢さが出世のためには必要なのだ。

こんな実例は戦国時代から山ほどある。現在でも〝中興の祖〟と言われるような実力経営者が80歳以上になっても君臨し、次々と社長の首を切っている会社は多い。こんな会社では、誰もが実力経営者の顔色を見て戦々兢々（きょうきょう）としている。このような状態では、大企業の場合はすぐには業績悪化は目立たないが、徐々に衰退していく。

最後に笑うのは誰か

大半の人は〝できる奴〟として入社しても、いつの間にかその他大勢になって出世から見放されてしまう。同期１００人が入社しても、部長になれるのは10人もいないだろう。ましてや役員となると数人だ。しかし、ひけめに感じたり、悔しがったりする必要はない。

昔の話で恐縮だが、銀行の人事部に勤めていた時代、出世に見放された行員たちを集めて研修したことがある。彼らを〝活性化〟させよというのが経営命題だった。私は勇んで彼らを叱咤激励した。ところが彼らの生活の様子を聞いているうちに、私のトーンは徐々に弱くなってきた。というのは、彼らの家庭生活が非常に充実していることに気づいたのだ。家庭を大事にし、子どもと一緒に遊ぶのは当然。少年野球チームのコーチをしたり、地域ボランティアのリーダーをしたりしている。翻(ひるがえ)って私自身のことを考えた。

仕事のみで家庭を顧みず、子どもとも遊ばず、地域とのつながりはまったくない。幸せなのは私なのか、彼らなのか、深く考えさせられたのだ。当時の私は妻から「そんなに働いても、のれん分けをしてもらえるわけじゃないのよ」と何度も言われた。「健康を害したら捨てられるだけよ」とも……。

「出世＝できる奴」でも「出世＝幸せ」でもない。これは間違いない。会社だけが人生ではない。むしろ、会社を退職した後の人生は長い。その長い人生を充実して過ごせるかどうかが、最後に笑う極め手になると思う。仕事一筋で燃え尽きるより、彼らのように家族や地域との絆を大切にすべきではないだろうか。

9 働き方の壁

辞めて分かった、会社のありがたさ

長年勤務した会社のありがたさってなんだろう。それは「慣れ」からくる「居心地のよさ」ではないか。

周囲は知っている仲間ばかりで「ツー」と言えば「カー」的な人間関係もある。多少リスクをとってチャレンジして、失敗しても「前向き」な姿勢を評価してもらえる。会社を倒産させたわけじゃないから。役員や部下と飲みに行ったり、ゴルフをしたりして「昔の思い出」を語ることができる……など。安心感からくる居心地のよさ、それが会社のありがたみだ。

さらに私のようなフリーランスから言わせてもらえば、病気になって会社を休んでも給料は出るということが最大のありがたみだ。会社を辞めれば、病気などになった時は「ハイ、それまでヨ」だ。

とはいえ、私は会社を辞めてしまってからというもの、意地でも会社のありがたさなんて感じないようにしてきた。

痩（や）せ我慢と言えば痩せ我慢なのだが、たとえは悪いが「死んだ子の歳を数える」のが嫌なのだ。

一旦、会社を辞めたなら後ろを振り返らないことを自分に言い聞かせてきた。もし会社に残っていたら役員になっていた、平役員なんかじゃないぞ、専務以上は確実だった……などと思ったら腹が立って仕方がないではないか。

これは私だけが悔しがっているんじゃない。結構、役員になれずに辞めた多くの人が自分の後輩が続々と常務や専務になるのを見て、あんな奴が常務に、専務になれるのになんで俺が平役員にもなれなかったんだ！　って腹を立てるらしい。私だって新聞の人事情報であまり評価していなかった同期、後輩が社長や専務などになったのを知って、「へえ、あいつが……」と思う時がある。その「へえ」に情けないけど私の嫉妬、ねたみがこもっていることは間違いない。

だから会社を辞めたら前の会社のことは忘れるに限る。これは絶対のルールだ。精神衛生上も悪い。

特に前の会社が上場企業などの場合はなおさらだ。会社を辞めて転職したにもかかわらず、新しい会社に入り、誰彼構わず「私は上場企業のA社に勤務していました。A社ではこんな仕事のやり方をしていました。私は、A社に残っていれば専務だったんですがね。ところでこの会社の仕事のやり方は遅れていますなぁ。A社ではこんなやり方はしていませんでしたなぁ」などと言おうものなら、相手から大きな反発を受けるに決まっている。

「そんなに前の会社がよければ戻ったらどうですか」と口には出さなくても批判的に思われ、あなたは新しい会社の一員としていつまでも受け入れてもらえない。

こういう人は多い。大抵は前の会社でそれなりにエリートで偉かったのだが、心ならずもリストラにあい、辞めざるを得なかったタイプだ。

前の会社を引きずっている人は幽霊みたいなものだ。

幽霊という存在を信じるかどうかは知らないけれど、あれはこの世に思いを残しているから現れる。事故で人が亡くなった場所など、その人が成仏できず、思いが残った場所に幽霊は現れることが多いようだ。

あなたも前の会社のありがたみなんかをいつまでも感じていたら幽霊になってし

まうだろう。

グジグジと前の会社に思いを残し、幽霊になってふらふらと漂うことになる。

これは哀れだね。

だから私の提言は、一度会社を辞めた以上は意地でも、前の会社がよかった、いい会社だったなどと思いを残さないことだ。

人生に無駄はなし

意地でも会社のありがたみを感じないようにしていると強気なことを言っている私だが、そんな私も実は会社のありがたみをつくづく思い知ることがある。

私は学生時代に作家の井伏鱒二（いぶせますじ）先生に師事していた。大学時代の楽しい思い出を語り出したら止まらないほどあるが、それは別の機会に譲ることにしよう。私は井伏先生に、あることを言われた。それは「小説はいつでも書ける。しっかりと仕事をしなさい。大阪は商人の街です。商売を身につけてきなさい」という言葉だった。

まあ、考えてみれば小説家などという極めて水ものの仕事を勧める人はいないわけで、晴れて銀行員になった私の門出にふさわしい言葉だったと思う。

ちなみに大阪が出てくるのは初任地が大阪だったからだ。

私はこの言葉を守って銀行員の仕事に打ち込んだ。そして26年勤務して退職し、作家になった。

井伏先生の言葉は正しい。私は銀行員をしていたおかげで小説が書けるのだ。

デビュー作の『非情銀行』（新潮社）は銀行員だったから書くことができたものだ。銀行の内幕を暴露した小説と思われ、それなりに反響があり、私は作家の仲間入りができたのである。

それ以降の小説、例えば歴史評伝物で、大倉喜八郎を描いた『怪物商人』も安田善次郎を描いた『成り上がり』（ともにPHP文芸文庫）も銀行員だったから書くことができたものだ。

銀行員の時、多くの経営者の話を真摯に聞いた。

人を使う苦労、資金繰り、イノベーションなどいろいろだ。銀行員のよさは多種多様な人に会えることだ。そしてその人と一緒に苦労する、悩みを共有することができることだ。

おかげで小説家になっても書きたいテーマが泉のごとく湧いてくる。

また、小説以外で講演やテレビコメンテーターとして仕事ができるのは銀行員時代の経験があってこそだ。

その意味では、私ほど会社のありがたみを日々、実感している者はいないのではないだろうか。

私が勤務した旧第一勧業銀行（現・みずほ銀行）はありとあらゆるタイプの社員の「るつぼ」のような銀行だった。

素晴らしい人、ダメな人、合併で苦労する人、合併でうまく立ち回る人など、組織人として典型的な人でいっぱいだった。私はそれらの人を身近に観察できるという幸運に恵まれた。

また不祥事も多く経験した。なにも総会屋事件だけではない。失踪、横領、詐欺、傷害などなんでもありだ。

最近話題のセクハラ、パワハラなどのハラスメント対応も山ほど経験した。まさに作家になるための修業の場であったわけだ。

「小説はいつでも書ける」と言われた言葉通りで、銀行員であったおかげで今の私があることは間違いない。

私の例は多くの人には当てはまらないかもしれないが、例えば今の仕事内容に不満がある人は、「5年後、10年後にやりたいこと」を念頭に置きながら、働いてみたらどうだろう。もしかしたら、今の仕事の延長線上に、将来やりたいことにつながるものがあるかもしれない。

私の信条に「人生に無駄なことなし」がある。どんな経験も自分の人生に生きる、生かせるということだ。

人生には失敗や後悔、喜び、悲しみと多種多様なことが起きる。時には死ぬほど辛いこともあるだろう。

しかし死にさえしなければ、会社での経験はすべて生かすことができる。

会社のおかげというよりも「人生って素晴らしい」ということだろうか。

10 見栄の壁

無駄なプライドは捨てよう

プライドは必要だ。「一寸の虫にも五分の魂」というくらいだからプライドのない人間なんて考えられない。

ただしプライド、すなわち誇りと、自尊心や傲慢、尊大とは違う。例えば、郷土に対するプライド、国に対するプライドは素晴らしい。

しかしヘイトスピーチに見られるように他国を見下したり、軽蔑したりするのは気持ちのよくないものだ。

あれなんかはプライドが歪んだものだろう。それと同じで、例えばあなたが会社を辞めて近所のスポーツクラブの会員になったとしようか。

運動を終えてサウナに入り、周りにいる人と話をする。

あなたには話すべき話題がない。そこで仕事の話をする。どうしても、以前に勤務していた会社の自慢話になりがちだ。

最初は周囲の人たちは話を合わせてくれるだろう。しかしあなたが調子に乗って自慢話を続けると、あなたの気持ちと反比例するように周囲は興ざめしていく。あなたが周囲の迷惑そうな顔に気づかないならば、いつまでたっても友達はできないだろう。

これは転職しても同じことだ。「郷に入っては郷に従え」と言うではないか。私は銀行を辞めた時、あるフリージャーナリストからこんなことを言われた。彼は大手証券会社を若くして退職し、フリーの経済ジャーナリストとしてバリバリ活躍していた。

「江上さん、銀行を辞めていなかったらなんて考えて、妙なプライドを振りかざしたら絶対にいけないよ。あなたのように、銀行で少し偉くなった人は、失敗する人が多い。どうしても〝昔、偉かった〟というプライドが邪魔するんだよ」

私は、この言葉を心に刻みつけた。ありがたいアドバイスだった。

プライドは大事だが、無駄なプライドは不要だってことだろう。

近頃、銀行は大学卒業者の就職先として急に人気がなくなってしまった。その理由は、メガバンクがリストラ計画を次々と発表したからだ。

ＡＩやＩｏＴの時代が到来し、銀行のビジネス、すなわち融資、預金、送金、決済などの方法が大きく変わる可能性がある。

今まで独占していたと言っても過言ではないこれらのビジネスが、銀行以外でもできるようになる。むしろ銀行より便利になってしまう。そうなると銀行はいらなくなるからだ。

銀行のビジネスには将来性がないのではないかと思われるようになり、情報に敏感な大学生たちが銀行への就職を敬遠し始めたということだ。銀行の人気が落ちたせいで証券や保険関係まで人気が落ちたらしい。銀行の影響力や恐るべし。

こうしたことは、多かれ少なかれ、いろいろな業界で起きていることだ。テクノロジーの進化によって、必要な仕事、不要な仕事が出てくる。

ところが世の中、よくしたもので銀行をリストラされた人、あるいは銀行からの転職を考えている人に対する求人が多くなっているんだとか。

人材不足に悩む運送会社の知人（役員）は社長命令で「銀行をリストラされた人材を採用しろ」ということになったらしい。

会社は急拡大しているが、運送会社というと３Ｋ（きつい、きたない、きけん）のイメージが残っていて、なかなかいい人材が集まらないのが悩みの種だったのだ。

要は、世間の人は銀行員は優秀で組織に忠実だと思っている。銀行は優秀な人を囲い込んで無駄に使っている。ダメな企業だ。リストラするなら我々の業界に来てほしい、というわけだ。

つまり、リストラはチャンスなんだ！　なにも暗い気持ちになることはない。

確かに銀行員には、優秀な人が多い（私の場合はちょっと違うかもしれないが……）。学生時代はよく勉強ができ、先生の言うこともちゃんと聞き入れる素直さがある。銀行に入ってからも勉強の連続で会社の財務諸表も読めるし、いろいろな企業や業界のことも知っている。これで役に立たないはずがない。

問題は心構えだ。

自分は優秀だからこんな会社にいる人材ではないなどと思っていては、新天地で力を発揮できない。

禍福は糾（あざな）える縄の如（ごと）し

ある人の実例を紹介しよう。

ある商社マンは、意に染まぬ会社に行かされた。不満でどうしようもない。なんで俺が……。いい会社だと聞いていたのに倒産寸前だったのだ。

そんな気持ちで働いていた。人事部に文句を言った。ところが相手にしてくれない。

そこで彼は考え方を変えた。もう、やけのやん八(ぱち)だ。どうせやるなら誰もやりたがらない仕事をやろうと思った。彼は社員がもっとも嫌がる仕事に取り組んだ。

その会社にはボイラーマン――燃え盛る火の中に汗だくになってスコップで石炭を投入する仕事があった。

体は汚れるし、仕事はキツイ。彼はその仕事を毎日続けた。すると会社の人の彼を見る目が変わり始めたのだ。

商社マンというのは、海外を飛び回って美味いワインを飲んで偉そうにふんぞり返って相手と交渉し、部下に指示を飛ばすというイメージがあった。要するに地味な下働きなど一切しないというイメージだ。

ところが彼は汗だくになっている。会社のためにみんなが嫌がる仕事を率先してやっている。自分たちも頑張ろう。要するに彼の行動が他の社員の心を打ったのだ。

その後の彼はどうなったか。その倒産寸前の会社はなんと優良な会社に変身したのだ。結果、彼の評価はうなぎのぼり。次々と新しい会社から再建の依頼が舞い込み、彼はそれらを引き受け、今や再建の神様的な扱いを受けるようになった。

まさに「塞翁(さいおう)が馬」「禍福は糾える縄の如し」だ。

彼は言う。

「どうしようもない会社に行かされて、そこで考え方を変えたおかげで人生が変わったんです。どんな会社に行こうと、自分の考え方次第で人生を切り拓くことができると学びました。今では悪い会社に出してくれた商社に感謝ですよ」

リストラ社員よ、頭を切り替えて新天地に飛び込め！　プライドを無駄にひけらかすな！

11 滅私奉公の壁

人生を会社に捧げて何が残るか

自分の人生のすべてを会社に捧げて、どれだけの人が報われたのだろうか。過労死、うつ、子どもの非行など、多くの人が会社に人生を捧げた結果、ひどい仕打ちを受けた。

私が銀行の人事部に在籍していた時、ロンドンに出張した。そこで勤務する行員の処遇や生活状況を調査するのが目的だった。

調査を終えた時、支店の幹部に声をかけられた。彼は、調査対象ではなかった。幹部は、一切文句を言わずに会社（銀行）に尽くすのが当然だ。少なくとも人事部は、そう考えていた。

「ねえ、小畠（江上の本名）さん、私たち幹部の話も聞いてくださいよ」

彼は悲しそうに言った。

「どうかされましたか?」

私は聞いた。

「単身赴任生活が長くなりました。海外支店から海外支店へと異動しているものですから」

海外で活躍できる人材が不足し、彼のように海外支店から海外支店へと異動する人が増えていた。日本の土を踏まないで銀行員人生を終わる人もいた。

「申し訳ありませんね」

私は頭を下げた。

「子どもが荒れているんです。多感な時に、まったく傍にいてやれませんからね。妻が困っています。仕方がないんですかね。帰国させてくれとは言えませんし……」

彼の顔が曇った。

銀行で出世しようと思ったら、転勤を拒否できない。たとえ子どもが非行に走っていても、その世話を妻に任せて、どこにでも飛んでいかねばならない。

でも考えたらこんな理不尽なことはない。家庭の不安を抱えて仕事なんかできるはずがないからだ。

私は人事部にいる時、別の会社に勤務する夫が海外に赴任したため、日本に単身で残らざるを得なくなった妻の行員からの希望を受けて、夫と同じ国の都市に転勤してもらったことがあった。仕事とはいえ、夫婦が別れて暮らしていいわけがないと思ったからだ。

会社以外の自分を大切にしたら、出世の道が閉ざされるという日本のサラリーマン社会はおかしいと言えるだろう。

第一勧銀（現・みずほ銀行）人事部での教訓

人には多くの魅力があり、その魅力を会社のために生かせばいい。

副業を奨励する企業がある。ＩＴ企業などの新しい企業ほど、副業に理解があるようだ。

これも会社以外の自分を発見する手段のように言われている。しかし、私はこの流れに首を傾（かし）げている。

経営者は、本業でちゃんと満足のいく給料を与えるべきだと思うからだ。本業の収入の埋め合わせで、副業を奨励し、あわよくば本業へ何かノウハウを持ち込んでもらえれば、これ幸いだ……などという魂胆が見え見えの気がする。

もちろん、社員の士気高揚になると、純粋に武者修行の意味で副業を勧めている経営者もいるだろうが……。

また、ある調査によると、副業をやってよかったという会社員も多いようだ。

しかし、満足している人は副業可能なノウハウを持っている人ではないだろうか。

例えば圧倒的に不足しているIT人材は、副業可能だろう。ある面では会社という安定した基盤の上で独立起業しているようなものかもしれない。

しかしそんな副業より、私は会社以外の自分を発見するにはボランティアに参加すべきだと思う。

子どもたち向けのボランティア制度があり、それへの参加を評価する学校がある。ボランティアを評価対象とするのもどうかと思うが、シンガポールでは高校生がボランティアに参加することを大いに勧めている。評価対象になるということもあるが、そんなことは関係なく高校生たちは喜んでボランティアに参加する。

会社にもボランティア休暇制度を設定しているところがある。それを利用してボランティアに参加することを勧めている。

しかし幹部社員が、一年間ボランティアに参加してきますというのはなかなかできることではない。ボランティアと言っても1日、2日の話ではない。会社の幹部クラスになると、ボランティア先でも幹部になるから、数カ月、1年という期間は覚悟しなければならないだろう。

しかしこれだけ長期間会社を離れても得ることは多いと思う。会社とはまったく違うからだ。社会貢献ということで無償の行為に汗を流す。参加者には今まで出会ったことがない若者や主婦なども多い。多様な意見をまとめていかねばならないこともあるだろう。こんなに頑張っているのに成果が出ないと嘆くこともあるだろう。会社なら命令1つで部下が従った。しかしボランティアでは、そうはいかない。もともと、利害関係のない人たちが集まっているからだ。リーダーであるにもかかわらず、自分の意見が浸透せず、リーダーシップに疑問を持つこともあるだろう。人間力の必要性を痛感するはずだ。

私は、副業を勧めるくらいならもっと社員にボランティア参加を勧める方がいいと思う。そしてその制度を充実させ、50歳を過ぎたら1年間はボランティアに参加させ、それから部長や役員にしたらいい。

なぜこんな意見を持ったかと言えば、銀行の人事部の時、ボランティアをやっている人が生き生きと銀行にも貢献していることに気づいたからだ。

ボランティアで子どものサッカーや野球チームの監督などを長年にわたって続けている人、地域の老人ホームでマジックを披露して慰問を続けている人など多様だった。

でも彼らが全員、出世しているわけではない。彼らは仕事は仕事、ボランティアはボランティアと割り切っていた。それが私には羨ましかった。私は、その頃、仕事しか能がなかったから。

できれば在職中から始めたい

ボランティアのいいところは、会社を離れても続けられるということだ。

定年になって、本当に会社を離れざるを得なくなってから、「ボランティアでもやるよ」と言う人がいるが、やっている人は少ない。何もすることがなくなって、近所のスポーツクラブに行くか、ひきこもるかどちらかが多い。

もし在職中からボランティア活動をやっていれば、そんなことはない。会社を辞めるのが待ち遠しくなるに違いない。

人は他者に認められ、喜ばれる時、生きがいを感じるようにできている。これはＤＮＡに組み込まれている。他者を食い物にするＤＮＡもあるが、他者と助け合うＤＮＡも組み込まれているおかげで、こういう豊かな社会を築くことができているのだ。

会社では他者を食い物にするＤＮＡが働きを強めるかもしれないが、ボランティアでは他者を助け、共存するＤＮＡがより働きを強める。このバランスが、きっと会社人生を実り多いものにするに違いない。

副業より、ボランティア。これが会社以外の自分を発見できるよい手段だと思う。

12 孤独の壁

50代からは淡々と孤独になれ

50代になったら煙たがられるのは当然だ。自分が若かった頃のことを思い出してみたらいい。部長や役員の理不尽にどれだけ泣かされたことだろうか。

今、あなたがその年になって、新入社員や若手女性社員と仲良くしたり、心を通わせたり、できるはずがない。

諦めた方がいい。「下手の考え休むに似たり」で、時間の無駄だ。

例えば、あなたが同期の出世頭で、50代で部長、役員だったらどうだろうか。

若い社員はあなたの言う通りに動くだろう。女性社員は、バレンタインデーにチョコレートを持ってきて「義理チョコじゃないですよ」などと言ってくれるだろう。あなたは心をくすぐられ、ホワイトデーには何をお返ししたらいいだろうかとニヤニヤするはずだ。

俺は人気がある、若い奴に好かれている……。これは完全に思い過ごし、否、思い上がり。若い社員は、あなたが好きなのではない。あなたの地位にとりあえず頭を下げて、媚びを売っているのだ。

あなたがそれを好むのを知っているからだ。

「そんなことはない。俺は〝逆命利君〟を好むんだ。なんでも諫言してくれる部下が好きだ」。いや、そんなことは口先で言っているだけだろう。あなたは自分の仕事のやり方に諫言する若い部下を何人左遷してきたことか。それを部下たちは見ている。そして「触らぬ神に祟りなし」と決め込んでいるだけだ。

それにあなたの口癖は「聞いてないよ」「俺は知らない」「責任は君だよ」だということを部下は知っている。なんでも相談しろと言いながら、相談すると「君に任せる」と言い、部下が失敗すると役員には「私は止めろと言ったのですが」と臆面もなく言う。朝に指示したことは夕方には変える。「朝令暮改は世の常」と言って憚らない。こんなあなたのことは、部下は百も承知なのだ。

逆にあなたは「ごく平凡な50代で、役職もそこそこ。普通に仕事をこなしているだけの社員」だとしようか。

そんなあなたが若い社員と今さら仲良くしようとしても、相手がシカトするに決まっている。あなたはシカトされ、さらに落ち込むだけだ。

なぜシカトするのかって？　若い社員は、非常に合理的、実利的だ。あなたにまったく利用価値がないのに、どうしてあなたと仲良くしなければならないのか。あなたと仲良くすることで何か自分にメリットがあるのか。ないと結論づければ、あなたがいくら若い社員に近づこうとしても「キモイ」と言われてお終いだ。

自分から若い人に近づくな

ではどうすればいいのか。

孤独になることだ。50代ともなれば、多くの人間関係であなた自身が傷ついてきたはずだ。それを癒やすためにも孤独になることだ。

もしあなたがエリートで、今もその道をひたすら歩んでいるとしようか。それでも孤独になり、内省し、自分を見つめ直し、そして周囲を見つめ直すことだ。

そうすると、自分がいかにパワハラ的で、人の意見を聞かない、嫌な人間かが分かるだろう。時には、セクハラ人間であるかもしれない。あるいはいかに人間的魅力に欠けているかを思い知るだろう。学生時代は、哲学や文学を熱く語っていたのに、最近は収益や売上げ実績のことしか頭にないことに愕然とするだろう。

これは孤独になり、自分を見つめ直す時間を持たないと気づけないことだ。

そしてそういう嫌な自分に気づいたら、淡々と仕事をこなしながら、自分の嫌な面を一つずつ克服していけばいい。

若い部下が提案を持ってきても、今までなら上の空で聞き、こんなの駄目だと書類を放り投げていたものを、「なになに」と耳を傾けるだけでいい。そして提案を「一晩、考えさせてくれ」と言うだけでいい。

若い部下は、天地が逆転するほど驚くに違いない。あなたの体調が悪く、死期を悟ったのか、ぐらいに思うだろう。それでいいのだ。すべてを急に直すことはない。そんなことはできない。

まずは若い部下の意見に耳を傾ける。そこから始めなさい。劇的に変わるから。自分も周囲も。自分から媚びを売ることはない。

あなたが出世しない、平凡な50代社員だったらどうするか。やはり孤独になりなさい。孤独になって自分を見つめ直すのです。その結果、今の仕事を淡々とこなし、かつ、にこやかになることに目覚めるでしょう。若い人（部下ではないかもしれない）から、嫌な仕事を頼まれても淡々と受け、にこにことこなす。若い上司にも媚びを売ることなく、とにかく淡々。孤独になり自分を見つめ直すことで、自分はどういう位置づけで仕事をすべきかを悟ればいいのだ。

縁の下の力持ちに徹するということでもいい。今までなぜ評価されなかったのか。それは出世を焦り、右顧左眄（うこさべん）したからかもしれない。優柔不断で結論を先延ばしにし、リスクを避けてきたからかもしれない。

このように自分の弱さが分かれば、じっくり、ゆっくりと直せばいい。時に、上司から意見を求められたら、ズバリと自分の考えを言えばいい。周囲は驚くことだろう。

50代になったら、自分からいそいそと若い人に近づくことはない。インスタグラム、ツイッターなどなど、若い人と同じ次元に歩み寄ることはない。

とにかく孤独になれ。そして自分を見つめ直せ。都内にも、どこにでも坐禅道場はある。かつてあったような怪しげな新興宗教のようなところで坐禅を組めと言うのではない。ちゃんとした禅寺で坐禅を組んで自分を見つめ直せ。

あるいは、そんな場所にわざわざ行くこともない。自宅で1人瞑想をすればよい。否、そんな形に囚われることもない。出勤の途中や取引先に行く時に、じっくりと自らを見つめればいい。電車の中でスマートフォンをいじる時間があれば、「Who am I?（私は何者なのか）」と問いかければいいのだ。

これであなたは間違いなく変わるだろう。若い人（部下）に自分から近づくな。むしろ孤独になれ。

13 ジェネラリストの壁

エリートの憂鬱か？

日本の会社、とりわけ大企業のエリートは、数年ごとに部署を移り、「ジェネラリスト」として育てられることが多い。個人向けの営業で5年、管理部門で5年、海外で7年、戻ってきて法人営業で5年……。そうしているうちに、「専門性がない」50代ができあがる。

「専門性がない」という不安は日本のエリートに多く見られるものだ。

私だって……あのぉ私が自分のことをエリートだと言っているわけじゃありませんよ。

支店を2カ店、本部で総括部、業務企画部、人事部、広報部、業務監査統括室を、そして支店長を2カ店……。

その間、総会屋事件とその後始末に奔走した。

典型的なジェネラリストと言えないことはない。

銀行を辞めなければ、ひょっとしたら役員になっていたかもしれない。

あくまで可能性だけどね。人事部時代の先輩、後輩はほとんど皆、役員になっているから。私だって……。

それじゃ私に何か専門性があるかと言ったら、実は何もない。

総会屋事件の時、部下たちと冗談を言い合ったことがある。

あの時は、銀行が潰れるかもしれないと思っていた時だから、冗談といってもそれなりに真剣だった。

「銀行が潰れたら何ができるかな」

私は部下に聞いた。

「さあ、何をしますかね」

部下も首を傾げた。

「俺は英語もできないし、経理や財務の知識もない。国際派でもないし、コンピュータも知らないから。何にも役に立たないなあ」

私は情けない気持ちになった。

採用情報を見ると、海外勤務経験やコンピュータ知識などがある人材が優遇されていた（それは今も同じだろうけれど）。

「私、漁師になります」

一番若い部下が言った。

「おお、漁師か」

思いがけない発言にみんなが注目した。

「子どもの時から魚釣りが好きで、今もよくやっていますから、漁師ならやれるんじゃないかと思うんです。釣りの知識は結構ありますから」

彼は自信たっぷりに言った。

「いいなぁ。お前には専門知識があって……」

私は本気で彼を羨ましいと思った。船に乗って悠々と釣り糸を垂れている彼の生き生きした姿が目に浮かんだものだった。

それくらい専門知識、専門技術がないことを嘆いたものだ。

焦ってはいけない

その時は42歳だから、大学を出て銀行なんかに就職しなければよかったと本気で後悔した。

18歳、高卒で、お寿司屋さんに修業に出て、24年も修業すれば、ひとかどのお寿司屋さんになっていたのにと思ったね。

でも今さら、後悔しても仕方がない。後悔先に立たずの諺通り。

これを読んでいる「ジェネラリスト」のあなたも同じだよ。

今さら後悔してももう遅い。今から何を身につけるの？　パソコン？　英語？　何か資格？

慌ててももうダメ。

雑誌を開くと「リストラされてもすぐに役立つ資格はこれ！」とかなんとか怪しい広告が目につくようになる。

あなたのスマホやパソコンに容赦なく「中高年に福音！　この資格を取れば、毎月30万円の収入保証」なんて甘い広告が入り込んでくる。消しても、消しても……。

そのうち、ついい、つられてしまう。その結果、なけなしの貯金をみんな奪い取られてしまうことになる。

焦るからだね。

「ジェネラリストの憂鬱」に対する方策の1つ目は、まずは自信を持つことだ。今まで一生懸命仕事をしてきたわけでしょう。そのことにまず自信を持つ。

「カラ元気も元気のうち」っていう言葉を、小学校の時、教頭先生から教わった。

これはいいね。カラ自信も自信のうちだよ。

ジェネラリストこそ、50代から新たな専門家になれる

私の知人の会社が外資系に買収された。彼は50代の部長だった。特に評価されそうな専門性もなかったので退職しようかと悩んだ。しかし、多くの同僚が退職していく中で踏みとどまった。残った彼は裏切り者と言われた。彼は必死で英語を学び直した。その努力を見ていた外国人社長が、彼になんと1年間のアメリカのビジネススクールへの留学を命じたのだ。

留学先でマネジメントを学び、今までの経験に磨きをかけた結果、マネジメントの専門家となり、今はある上場会社の副社長になっている。50代からでも十分に専

門性を身につけることが可能なのだ。それは、今までのジェネラリストとしての豊富な経験があったからだ。

人事異動は仕方がない。ジェネラリストとして育てられてきたということは、会社で評価されてきたということだ。

欧米の会社は、専門性の土台の上にジェネラリストとしての経験を積ませるけど、日本はそうじゃない。エリートほど専門性がなく、トップに立った時、部下に上手に担がれる人材になることを求められるわけだ。

日本には専門バカという言葉があるくらいだ。

要するに専門家になんかならずにいろいろな部署を広く浅く巡って、社内人脈を作り、顔をつなぎ、多くの人に忖度することを覚えることでどんどんバカになっていく。バカになればなるほどトップに近づいていくという不思議な組織が日本企業だ。

あなたも50歳を過ぎても現状に不安など抱かずに上手にバカになっていけば、トップになれるかもね。

ジェネラリストであるということは、裏を返せば50代で「最初の一歩」を踏み出す苦労をしなくともいいということだ。多くの職種を経験しているから、すべてにおいて何となくの勘所は摑めている。これからどこに注力していくかを決めればいいだけだ。

とにかく今までのことに自信を持とう。

自信さえ持てば、私の知人のように50代からでもジェネラリストの基盤の上に専門性をプラスして、より強力な人材になれるのだ。

14 退職の壁

「潔く」辞めることのリスク

友人の会社の定年が65歳に延びた。年金の支給年齢が引き上がることに対応したものだそうだ。

友人は大喜びだ。

今は、50代後半だ。65歳まで勤められ、年収も５００万円ほどはもらえるようだ。

とても好条件だと言って定年が65歳になったことを喜んでいた。

会社も彼のような中高年を有効に活用しないといけないという事情があるのかもしれない。

60歳を過ぎても、今の60歳は昔の50歳よりも若いかもしれない。２０１６年に刊行され、日本でもベストセラーとなった翻訳書『LIFE SHIFT（ライフ・シフト）』

（東洋経済新報社）の著者リンダ・グラットン氏（ロンドンビジネススクール教授）は、現在の60歳は昔で言うと40歳に相当する、と述べているほどだ。

体力、気力のある中高年を、定年退職年齢の引き上げで、意欲を持って働いてくれるようにした方が、会社にとってメリットがあるのだろう。

とはいえ、会社によっては、50歳になると、「60歳で辞める代わりに給料の額は維持」と「65歳まで勤める代わりに給料は漸減」の選択をさせられるところもあるそうだ。

別の知人は、60歳で潔く辞めるか、給料が半減しても65歳まで勤め続けるべきかと悩んでいた。しかし、高齢化が進む中で制度はいつまた変わるか分からない。どんな会社も、いつ定年の年齢が引き上げになるか分からないのだから、軽々しく辞めようなんて考えない方がいいと思う。

私の友人たちは、ほぼ全員60歳定年で、あとは1年ごとの嘱託扱いで給料は半減か、激減するという対応だ。

だけど辞めた友人はいない。

しかし、潔くないかと言えば、そうでもない。

会社にしがみついているという感じもない。みんな淡々としている。

慣れた仕事を続けながら、友人と会ったり、妻と旅行したり、60歳後ライフを結構楽しんでいる。

私の方が、仕事に追われて、イライラし、遊ぶ時間も削っているような状況で、羨ましいなと思うこと、しきり。

60歳以降の給料が半減しても、仕事があるというのは嬉しいことだ。

私は49歳で会社を辞めて、フリーランスになってしまった。

自分で仕事を取ってこなければ、仕事はない。1回1回が勝負みたいなところがある。結構、ぎりぎりで勝負しているわけだ。

フリーランスの人は、皆、そうだと思う。仕事がなければ失業者だからね。フリーランスを続けるというのはとても大変なことなんだ。

健康にも気をつけなければ……。体を壊したら、それまでだ。

退職金をもらえてもそんなの当てにできない。退職金で住宅ローンを返したりしたら、もうすっからかんになる。

住宅ローンのない人でも、カードローンなどの消費性のローンは結構な金額があるようだ。子どもが大学生になっていて学費や仕送り資金が必要になっているからだ。

私の友人たちも似たり寄ったりの状況だ。だからそのまま淡々と会社勤務を続けている。もしも「潔く」辞めたりしたら、それこそ生活が破綻しかねない。

最近、中高年の自己破産者が増加傾向にあるらしいけど、世間では「潔い」人が増えているせいかもしれない。

あまり軽々しく会社を飛び出さない方がいい。

会社っていいところだ。私のように辞めてみると、それがよく分かる。

50代からは貯金より「貯人」

特に大企業だと、ちゃんと勤務していれば、定年になっても無下(むげ)に放り出すこともない。

ちゃんと第2の人生の場所を考えてくれる。

それは大企業だけだよ、と言うかもしれないが、中小中堅企業だって、どんな会社だって、自分の会社に30年ほど勤務してくれた人を寒空に放り出すことはないだろう。

そんなことをしたら現役社員の意欲を萎えさせることになるから。

自分で職を探してこいと言っても、それなりのアドバイスはあるはずだ。

また第2の人生があまりうまく行かなかったとしたら、それに対しても手を差し伸べてくれる会社も多い。

ここでリストラを実行する経営者にひと言、文句を言いたい。

私は、「人を大事にする」、これが会社を成長させる極め手だと信じている。逆に「人を大事にしない」会社は滅びる。いくらＡＩ、ＩｏＴなどと技術革新が進んでも、やはり会社は〝人〟でできている。

同じリストラでも愛情を持って実行すべきだ。再就職先を徹底して面倒を見るなどするのだ。そうすれば残った人たちは安心して働くだろう。会社を信じて安心して働いてもらう。これが一番だ。

でも「潔く」辞めた人には、会社はそんなに優しくない。

自分で生きていきなさいと言うだけだ。その覚悟があればいいけれど、なければ会社に残るべきだと思う。

50代になれば、私は「貯人」を勧める。

人脈と言えば、なんだか功利的すぎるけど、要するに気の置けない友達のこと。それは先輩、後輩でもいい。あなたを会社の人間ではなく、あなた個人として信頼してくれる友達を1人でも多く持つこと。きっとその友達が、あなたの50代、そして60代の人生を豊かにしてくれるだろう。これは間違いない。

私が日本振興銀行の問題（日本初のペイオフが適用された銀行）で行き詰まっている時、信じられないことに、ある会社の社長をしていたにもかかわらず「江上さんを助けますよ」と火中の栗を拾うべく、社長を辞任して私のスタッフになってくれた友人がいる。私は「貯人」を心がけていてよかったと思ったものだ。

今からでもそのことを考えて人間関係を再構築してもいい。まだ間に合うから。

15 赤字部署の壁

50代サラリーマンの大逆転

50歳にもなれば、部長というポストに就く人も多いだろう。だが、ある日、知人の編集者が私にこう泣きついてきた。

「ようやく部長になったはいいものの、万年赤字部署。達成できそうもない数字の責任を押し付けられている……」

だいたいね、部長にもなったことがないし、会社（銀行）を途中で投げ出して辞めてしまった私に、こんな相談をする方が間違っていると思うな。

嫌だったら部長職を返上してしまえばいい。

会社なんてあなたがいなくてもまったく困らないんだから。

私は49歳で銀行を辞めたが、自分で言うと嫌らしいけれど同期の出世頭だったのだから。大きな支店の支店長だったけれど、私が辞めたからって銀行はびくともしなかった。

むしろ、うるさい男が辞めてくれてせいせいしたことだろう。

私のたいしたことがない経験で話ができるのは、こういう境遇にいる彼は幸せだねってこと。

万年赤字部署っていうのは、最高じゃないか。

万年最高益を出している部署の責任者になったら、それは辛いよ。だって業績を落とすわけにはいかないからね。

部下にはプレッシャーをかけ続けなければならない。昨今の働き方改革の真逆を行かねば、前任者の成績を超えることはできない。

夜も寝られなくなるんじゃないの？

その点、万年赤字部署というのは今までどんな偉い人がやってもダメだったということでしょう？

だったら誰が部長になっても変わるもんじゃない。気楽じゃないか？

もし彼が赤字を減らしたり、よしんば黒字にしたりしたら、もう万々歳。一気に注目されることになる。

そもそも万年赤字部署の部長になることは、ものすごく期待されているか、まったく期待されていないかのどちらかだね。

ドラマを作るとすれば、まったく期待されていないA氏が、くすんだやる気のない部下を活性化し、赤字を黒字にする展開を考えるね。

ライバルたちから「かわいそうにね」「もうあいつも終わりだな」と囁（ささや）かれる部署の部長になる。

部員たちもやる気のない態度でA氏を迎え入れる。「どうせ、俺たちは掃き溜めですから」などとうそぶく部下ばかり。

A氏はじっと彼らの様子を眺めていて、そしてある妙手を繰り出す。

すると今までやる気がなかった部下が、徐々にやる気を出すようになる。

そうして1年後、その部門は晴れて会社でナンバーワンの収益部署となる。

部下たちは仕事の喜びを初めて感じる。

こんなハッピーエンドのドラマだ。

クサイなぁって！　バカにするんじゃないよ。こういう青春ドラマ的なのが一番ヒットするんだから。

住友財閥中興の祖は、いかにV字回復を成し遂げたか

私の拙い経験を話す前に、１人の明治人の話をしよう。

名を伊庭貞剛という。

住友財閥の中興の祖として尊敬されている人物だ。

住友財閥の祖業というべき別子銅山が煙害（公害）問題で地元の人たちから非難され、また銅山の鉱夫たちも不満を爆発させたことがあった。

このままでは銅山経営は破綻してしまうかもしれない。そうなると住友財閥も終わりだ……そんな危機的状況の時、伊庭は１人で銅山に乗り込んでいく。

それで伊庭はどうしたと思う？

社員を叱り飛ばしたり、目標を与えたり、業務改善を指示したり、リストラしたり、八面六臂、牛若丸並みに八艘飛びの活躍？

いえいえ、彼は何もしない。毎日、鉱山に歩いて登り、鉱夫たちに「おはよう」「ご苦労様」と笑顔で話しかけるだけだった。

ところが人っておかしいね。それまでの経営者がガンガン文句を言い、リストラ

などをしても良くならなかった経営が見事に改善して、それが後世までの住友財閥の興隆の礎になったのだから。

彼は意図して何もしなかったのか？

彼の思いはどこにあったのか？

彼は業績の悪化は経営者と従業員（鉱夫たち）、地域の人々（農民）とのコミュニケーション不足にあると見抜いたんだね。だから彼は、時間をかけ、彼らとの良き関係を構築しようとしたんだ。

これって現代にも通じる経営の要諦だと思う。

私の拙い経験から言わせてもらうと、業績の悪化は、マネジメントと現場の分断、関係性の悪化に尽きる。

私の経験なんか聞いてもたいして役には立たないだろうけれど、私も業績が何年も低迷していたある支店の支店長を任されたことがある。

前任、前前任の支店長が行員やお客様との関係を最悪にしていたんだね。業績を上げる、それも一時的にね、そのために行員を痛めつけ、働かせ、怒鳴りつけ、お客様も虐め、取引を強制していたんだ。これでは不信感の塊になるよね。業績は上がるはずがない。それぞれの支店長は失意のまま転勤していった。

そこへ私は赴任した。私は伊庭貞剛じゃないけど、何もしなかった。行員と一緒に毎日、街を歩き、お客様のところへ歩いていき（車じゃなくて）、ロビーに立ってあいさつしただけ。

そして行員には「やりたいことを、楽しいことをやりなさい」と言ったんだ。するとディズニーランドで働きたいから英語を勉強しますと言って、英会話の学校に通う女子行員もいた。

彼女は学校に通うために仕事を効率的にこなし、早く終われるように自分で工夫するようになったんだ。

自分で工夫するのがミソなんだけどね。自分が楽しいことをするために、自分で仕事を工夫するようになることが大事なんだ。

彼女みたいな人が、1人、2人と増えた。そうしたら業績は全店一になった。

そのおかげで私は小説を書く時間を得られて小説家になったというわけ。

業績が悪い部署の責任者になったのなら、それを奇貨とすればいい。

50代ならもう先が見えている時期なんだから、変な欲を捨てることだね。

40代は、こうはいかない。まだまだ先が見えないから、欲が出る。欲が出るから、失敗する。

50代になったら欲を捨て、仕事に向かってごらんなさい。必ず思いがけない花が開くから。

しかしここで忠告をしておくと、成果を上げたら、絶対に今まで以上に謙虚になることだ。自慢なんてもっての外。あなたが少しでも成果を誇るような態度を見せれば経営者の嫉妬を招き、思いがけない左遷の憂き目にあうだろう。

16 評価の壁

50代から抜擢される人――左遷をバネにした池上彰さん

危機に強い人がいる。こういう人は変わり者が多く、平時にはあまり評価されない。平時は誰でも何とかやれるから特段に強い人は不要なのだ。

平時はどちらかと言うと無難な人がいい。だから、長年勤務した会社で突然抜擢されるという夢みたいなことは期待しない方がいい。

平時がずっと続いていたり、好景気で業績好調だったりする状況なら、順当な昇進が最適だ。順送りの昇進が社員にも安心感を与える。異例の抜擢は社内に波風を立てるだけだ。もしそんな状況が不満なら自ら外に飛び出して起業するか、独立する方がいい。

池上彰さんから直接聞いたことがある。彼がNHK社会部に在籍していた際、社内で人事対立が発生した。部長と部下たちとの対立だ。その結果、反部長派だった池上さんは、決まっていた7時のニュースのキャスターから「週刊こどもニュース」のキャスターに鞍替えさせられた。相当、腐ったらしい。しかし、気持ちを切り替え、「週刊こどもニュース」のキャスターになった。「子どもたちにいかにニュースを分かりやすく伝えるか」に徹しようと考えたのだ。

彼の努力は実を結び、こどもニュースは分かりやすいと評判になり、大人たちやマスコミの人たちが見るようになり、今日のようにニュースを分かりやすく解説する池上さんが誕生したのだ。

きっと池上さんは危機に強いタイプなのだろう。だから平時のＮＨＫを飛び出さざるを得なかった。しかし、そのおかげで大きくブレークできたのだ。

２０２２年６月に富士フイルムの会長・ＣＥＯを退任した古森重隆氏も危機に強いタイプだろう。２０００年に社長に就任した際、超優良企業である富士フイルムは危機に瀕していた。カラーフィルムの売上げが急減し始めたのだ。売上げ、利益の大半を占めるカラーフィルムがなくなると、富士フイルムは倒産する。デジタルカメラの影響だ。古森さんは「フィルムがなくなる。鉄鋼会社から鉄がなくなり、自動車会社から自動車がなくなればどうなるか！」と危機感がない社内に檄を飛ばし、医薬化粧品分野へ進出して大成功する（参考・拙著『奇跡の改革』〈ＰＨＰ文芸文庫〉）。

富士フイルムは危機に強い古森さんがたまたま社長になったおかげで、危機を乗り越えることができたのだ。

政治家で言えば、イギリスのチャーチルは変わり者で、もはや忘れられた人物だった。しかし、イギリス政界でただ1人「ヒトラーは危険だ」と言い続けた結果、ヒトラーとの戦いに勝ち、英雄になった。でも平時になると選挙で負けてしまった。

「ＫＹ人材」が出世する？

このように、危機に強い人材は危機にならないと力を発揮できない。しかしあなたが危機に強い人材だから平時には評価されていないのか、それともただの凡庸な人材だから評価されていないのか、あなた自身にも分からない。もし、あなたが「変わっている」と評判で、それを直したら出世するのにと思われているなら会社が危機になるまで待つしかない。平時なら抜擢されることはない。

50代から抜擢される人材とは、とにかく〝変わっている〟人材、即ち〝KY（空気が読めない）〟人材なのだ。協調性がなく、「敵が千万人と雖も吾往かん」という勇猛果敢、独立独歩な人材。要するに〝扱いにくい〟人材だ。こういう人材は危機になれば抜擢される。

私は総会屋事件の後、暴力団等から不良債権を回収し、銀行を立て直すために、出世は遅れていたが、扱いにくいと評価されている人たちを10人抜擢し、重要なポストに就いてもらった。彼らは、銀行の危機的状況をむしろ楽しいと思い、暴力団だろうが、役員（暴力団と同列に並べて申し訳ない）だろうが、目の前の敵を見事に蹴散らしてくれ、不良債権の回収、銀行の立て直しに力を発揮したのだ。彼らは私に「死んだっていい。いい会社にしましょう」と言ってくれた。今でも彼らに感謝している。

あなたが50代になってたいして出世していないなら、会社は平時なのだろう。しかし、危機に気づくのは経営者の仕事だ。経営者に危機感がなければ、あなたが抜擢されることはない。あなたは〝いつか俺のような変わり者が評価される時が来る〟との信念を抱き、じっと待つしかないだろう。

17 年下上司の壁

かつての部下が上司になった——低きを厭わない水が一番強い

会社を「続ける派」にとってしばしば起こるのは、「かつての部下が上司になった」というケースだ。何をするにもやりづらくて困っている。こんな愚痴をしばしば耳にする。

なんて情けないことを言っているのかなぁ。

会社にいれば当たり前じゃない、こんな逆転劇は！

あなたは50代。もう先が見えている。部下に追いつかれ、追い越されるのは当たり前。そんな光景は珍しくもなんともない。そこらあたりにゴロゴロしている。

昔、先輩風を吹かせて飲みに連れ回していた後輩が、自分より偉くなった。少し前までは自分が仕事のやり方を教えてやっていたのに……そんな思いが頭をよぎるかもしれないね。

でも、彼が優秀なら、かつての上司のことなんか気にしていませんよ。かつての上司が部下になることがある、なんてことは百も承知だから。

普通にかつての上司と付き合う気でいると思う。

もし周囲が2人の関係を知っているなら気を遣っているかもしれない。

彼の方も「昔の上司が、部下じゃ、君もやりづらいだろう」と上司や周囲から言われているだろう。

きっと彼は「大丈夫です。先輩はいい人ですから、私の良きサポーターとしてご指導をいただきます」などとそつなく答えていると思うけどね。

かつての上司の方だけだよ、やりづらいなんて愚痴をこぼしているのは。50歳も過ぎてみっともない。

気が置けないからと、まさか酒席で仲間に愚痴をこぼしてはいないだろうね。

それだけは絶対に止めた方がいい。必ず彼の耳に入り、嫌な思いをさせてろくなことにならないから。

私も多くの先輩を部下として使った。幸いにもかつての上司ということはなかったけれど。

それなりに気を遣った。言葉遣い、態度など、先輩に接するようにした。決してタメ口なんかは利かない。

当たり前だ。上司と部下という関係になっても、先輩後輩の関係は変わらない。今でもその人たちとは仲がいい。一緒にいい仕事をしようと誓った仲だから。

こういう場合は一度、腹を割って話をしたらいいんじゃないか。

かつての部下の方も気づまりと思っている可能性もある。先輩がなんとなく他人行儀だから。そんな小さな行き違いをそのままにしておくと大きな溝になってしまう。

年長者は年長者らしく、自分の方から折れて、彼の方に近づくのが礼儀だ。

50代は新しい一歩を踏み出す歳

孔子が「君子は器ならず」と言っている。

これはなかなか意味が深い。孔子は君子というものは、固くて形が定まった器ではなく、状況に応じて臨機応変に変わることができる人物のことなのだと言っているんだね。

年長者として、一通り人生の辛酸を舐めてきた50代。

器の形に囚われず状況に応じて変化すれば、もっと生き生きと楽しい人生になる。

また、老子は「水が一番強い」と言っている。

これも孔子と同じような意味だね。

水は、低いところ、低いところへと流れていく。どんなものにも形を変える。もっとも弱いと思っていたら、ある時、洪水となって人も建物も押し流す。しかし普段はそんな力は決して見せない。穏やかなものだ。

水のように、低いところも厭わず静かに流れればいいのだ。

50代は「天命を知る」（孔子）年代。私はこの天命とは「諦観」ということだと思う。

諦めて絶望するんじゃない。来し方をじっくりと振り返り、若い頃のようにがむしゃらに何でもできると思っていた時代を反省し、新しい一歩を踏み出す年齢なのだ。

さあ、かつての部下とじっくり酒でも酌み交わして、いろいろな話をしましょうか。

きっと懐かしく、楽しく、また新しい自分を発見するだろう。

18 部下の壁

部下とは仲良くするな

50歳を過ぎて、だんだん年下の部下と話が合わなくなってきた。飲みに行っても楽しくないし、飲みに誘ってよいかどうかも憚(はばか)られる。そんな話を、さみしげな顔をして話す会社員の友人がいた。

私のアドバイスはこうだ。「だったら飲みに行かなければいい」。

なぜ部下と飲みに行くのか。飲みニケーションとか言って部下と飲むことが仲間意識を醸成すると思っているんじゃない？

それはもしかしたら、昭和時代の懐かしい光景かもしれない。

今、部下と飲みに行ったら、50代のオヤジの説教を聞きたくない部下はスマホをいじっているかもしれない。そんな部下を見て、ビール瓶を持ち上げて「てめぇ！俺が説教しているのにスマホをいじりやがって」と叫んで、部下の頭をゴン。

はい、これであなたはお終い。ジ・エンド。傷害罪で逮捕され、「酒席で暴行。部下のスマホにキレる」なんてどこかの横綱と同じになる。

これは笑い話じゃない。

別の友人は、同じように部下とうまくコミュニケーションが取れない、話が合わない、飲みに行っても楽しくないけれど、義務的に誘うと言う。

すると部下は、嫌々ついてくる。楽しくない酒をおごらされる。支払いの時、「ご馳走様です」と頭を下げるが、「領収書ください」と言って店の人から領収書を受け取ると、部下は、「なんだ、会社の金か。課長はケチだな。こんな居酒屋の酒くらい自分の金でおごれよ」と腹の中ではバカにしている。

酒を一緒に飲んでもなんの効果もない。

あろうことか翌日、「昨日、飲みすぎて頭が痛いんで、今日、半日、休ませてください。どうも安酒を飲みすぎたみたいで」と平気で遅刻や欠勤をしてくる。

何が安酒だ！　この野郎！　俺だって頭、ガンガンだ！　這ってでも来やがれ！と、怒鳴りたいのだが、ぐっと怒りを抑えて「そう、お大事に。なんなら今日は休んでもいいよ」と優しい声をかける。

なぜ、こんな態度を取ってしまったのか。ものすごく自虐的な気分になり、落ち込んでしまう。

俺は、そんなに部下にいい顔をしたいのか、いい上司と思われたいのかと気が滅入るんだよね。

50歳にもなったら、部下は自分の息子と同じくらいの若者が多い。自分の息子と気持ちが通じていますか？　もし通じているとしたら余程幸せなお父さんだ。そんな連中と話が通じるわけがないし、趣味も同じになるわけがない。

酒に誘っても、相手は嫌々ついてくるだけ。

そこであなたが話す内容は「昔は……」という自慢と「今の若い者は……」というお決まりの説教だけ。カラオケに行っても歌える歌は完全な昭和歌謡。小林旭の「昔の名前で出ています」。これじゃ駄目だよね。

飲みに行っても楽しくないのは、あなたじゃなくて部下の方なんだ。それを早く理解しなくちゃならない。楽しくない飲み会なんて、上司に誘ってほしいと部下の誰1人も思っていない。

誘っていいのかと憚られるなら誘わなければいい。部下たちも清々（せいせい）していると思うよ、その方がね。

「PDCA」のDはDRINKじゃない

私が言いたいのは、「50歳にもなったら、もう少し自信を持ちなさい」ということだ。

それなりに苦労もしてきたんでしょう?

私のアドバイスなんて役に立たない。それこそ酒席の説教みたいなものだが、部下とあなたを結び付けているのは、仕事とその成果ですよ。

それをはっきりさせればいい。成果を上げるために酒が必要なのか?

酒は仲間意識を盛り上げたり、陽気にしたりするから必要だと強調する人はいるでしょう。しかし仕事のために酒は必要ありません。

仕事に必要なのは、あなたのPDCAだけだ。

PLAN(計画)、DO(実行)、CHECK(評価)、ACT(改善)。

このサイクルをきっちりと回すことがあなたに求められ、そして部下にも求められている。それだけなんだ。そこには酒はない。DはDRINKのDじゃない。

そこで私の尊敬する経営者、八城政基（やしろまさもと）さんの言葉を紹介する。

八城さんは、エッソ石油の社長、シティバンクの日本トップを務め、金融危機の最中、日本長期信用銀行を新生銀行として再建した方だ。

八城さんは、日本企業のＰＤＣＡがうまく回らないのは「Ｐ」に力を入れないからだと言う。社長は、部下に「Ｐ」のＰＬＡＮ（計画）を丸投げする。そして官僚的な部下たちから上がってきたＰＬＡＮの中身もよく分からないままＯＫを出す。そして数字だけを見て「もっと頑張れ」と精神論を振りかざす。

八城さんは言う。

「ＰＬＡＮがすべてなんですよ。『言うは易（やす）く行うは難（かた）し』という諺がありますが、本当は『言うは難く行うは易し』なんです。欧米企業は、計画、すなわち『言う』ですね。これに経営者も参画して、みんなが忌憚（きたん）のない意見を言い合い、練り上げます。あとは実行、すなわち『行う』だけです。計画がしっかりしていれば、計画通り実行すればいいのですから実行は易しいのです」

この話を八城さんから聞いた時、目から鱗（うろこ）が落ちる思いだった。

日本企業の、特にサラリーマン経営者は計画を部下に丸投げする。オーナー経営者はそんなことはしない。だって自分の会社だから。実行は、計画通りやればいいのだから、容易なんだと八城さんは言う。

部下との会議では影に徹せよ

八城さんはこの思想で多くの企業のトップを務め、会社を再建してきた。あなたも部下に接する時、この「言う」すなわち「P」（PLAN＝計画）を重視すればいい。部下と一緒にPLANを練り上げればいい。

その時は、上下関係の壁を取り払い、部下からどんな意見も言わせる。あなたは意見を控える。どちらかというと影のような、いてもいなくてもいいような存在に徹する。自分の経験をひけらかし、議論をリードしようとはしない。そんなことをすれば部下は、どうせ課長の考えの通りになるんだから、と余計にやる気をなくすからね。

部下と一緒にPLANを練り上げる。そしてそれを「D」（DO＝実行）する。そして部下と一緒に「C」（CHECK＝評価）し、「A」（ACT＝改善）する。

ここにDRINK（酒）の入る余地はない。

目的を達成した時にだけ、経営者からもらった報奨金で美味(うま)い酒を飲めばいいじゃない。

ひょっとしたらその時も部下たちだけの会にしてもいい。

「課長、一緒に行きましょう」

と部下の方から言ってくれるでしょう。

その時、「俺はいいよ。お前たちで楽しんでこい。しかしあまり破目を外すなよ」

と言い、ポケットマネーを渡し、立ち去る。

痺(しび)れるほどクールじゃないですか。

19 「定年後」の壁

仕事以外の生きがいなんてなくていい

仕事一筋に真面目に勤め上げてきた50代、そろそろ定年も視野に入った頃に、みんなが焦り出すのは「仕事以外の生きがいが見つからない」「会社の外に友達もいない」……といったことだ。

でも、あんまり気にしないでいい。そんな人はいっぱいいる。珍しくもなんともない。

かく言う私だって似たようなものだ。

妻から「あなたは友達が少ないから」といつも言われる。

自分への言い訳じゃないが、真面目に仕事に打ち込んできた人ほど、そうなるんじゃないかな。

会社の外に友達がいないって、会社の中に友達がいるのならいいじゃないの。会社の中にも友達がいないのなら心配だけど、いるんだったら安心だ。

普通のサラリーマンは会社の外には友達はいないものだよ。会社を辞めてからも会社の中の人が友達かどうかは分からないけど、同じような境遇の人が多いから、退職後もよく集まることになる。

私の友人は、退職後に会社の仲間とバンドを組んだり、家庭菜園をやったり、ゴルフ、麻雀で遊んだりと、ほぼ毎日、会社の人と会っている。

落ち着くんだってさ。会社の現状を嘆いたり、憤慨したり、喜んだり、いつまでも会社から離れられない。

社内の友人は「妻以上」の存在

これをバカにしてはいけない。だって大学卒なら22歳からずっと一緒にやってきているんだから。１日24時間とすると、残業時間を含めて１日の半分は一緒にいたんだ。

喜びも悲しみも共有してきたという意味では、妻以上の存在だ。

こんな会社内の友達がいるなんて、最高じゃないですか。

なぜそんなに悲観するのさ。

仕事以外に生きがいがない？　なにを贅沢なことを言っているんですか。

仕事に生きがいを持っているなんて、男らしいし、頼もしい。

仕事に生きがいを持てない人が多いんだから。

「仕事以外に生きがいがない」なんて不安に思っているあなたは、周りに影響されているんじゃないですか？

人脈を社外に広げようとか、仕事バカじゃ駄目だとか。

その意見も正しい。しかし全面的に正しいってわけじゃないと思う。

人脈を社外に広げても、それが薄くて、内容がないのであれば時間の無駄だ。何の役にも立たない。

それに、仕事の目的という利益のためだけの人脈は、あまり役立つとは思えない。

あなたの人間性を理解してもらっての人脈にすべきだ。

いずれにしても無理に会社外の人脈作りに汲々（きゅうきゅう）とすることはない。社内人脈がしっかりしていれば、どこかから自ずと社外人脈に広がっていくだろう。

もう1つ、仕事バカでいいじゃないですか。

今は、仕事以外の趣味や遊びを生きがいにする人が多いみたいだけど、そうじゃない人がいてもいい。

働き方改革で、まるで働いてはいけないみたいになっているけど、そんなことはない。

24時間、仕事のことを考えていること、これがプロだ。

私も銀行員の時も、今も、24時間仕事のことを考えている。これは仕事で金をもらっているなら当然だ。

残念に思うことなんか、絶対にない。

20 「心の病」の壁

「のに病」に気をつけろ

50代のうつ病患者は、18万3０００人（男性8万1０００人、女性10万2０００人）。これは平成26年のうつ病患者111万6０００人の15・7パーセントを占める（厚生労働省調査）。

50代のうつ病患者は増える傾向にあるらしい。

暗い話をもう一つ。

50代の自殺者数は、3979人もいる（平成27年）。

平成27年の自殺者数は2万4025人だ。50歳代だけで全体の16・6パーセントも占める。

ちなみに①40歳代16・9パーセント、②50歳代16・6パーセント、③60歳代16・5パーセントとなっている。全体でも2番目に多い。

これは大いに問題だ。

また、病気もこの年齢から増え始める。特に多いのは悪性新生物（癌）、心疾患、脳血管疾病などだ。

経済的にも大変な時期だ。

住宅ローンがある50代は約半数。その平均は１０００万円を超えているという恐ろしいデータがある。

これでは運よく退職金が出ないと返済できない。ましてや、今の会社を辞めて給料が下がっても違う会社に、などという決断もなかなか難しい。

それに加えて子どもがいる場合だ。50代ともなると急に住宅ローン以外の出費が増えてくる。

子どもの大学入学金、そして仕送りの費用が増えるからだ。決して飲食や趣味にお金をかけるわけではない。

最近は、中高年の自己破産者が増えている。ここでも50代、60代という年齢の人たちが主役だ。

サラリーマンばかりじゃない。自営業の人だって、50代になると、家庭や事業でお金がかかるようになる。

50歳前後で体の不調をきたすことはままあるが、50代特有の中年希望喪失的うつ状態という場合が多いのではないか。

とにかく若い頃なら、もっとチャレンジできたのに……。もう先がないと思うと、自然と暗くなる。

50代で破産の危機に

私だって50代の時、日本振興銀行という本邦初のペイオフを実施するために銀行の社長になってしまい、破綻処理をした。本当に大変だった。

同じ社外取締役の友人弁護士は自殺してしまった。彼も50代だった。

なぜ、経営悪化した大変な銀行の社長になんかなったのかって？　それは、預金者、融資先、従業員に対する責任を果たすことを第一義に考えたからだ。しかし、世間はそうは思わない。謝罪会見などすると、もう悪人扱いだ。私には、メリットなどなく、とにかく社会貢献のつもりで銀行の経営に関係しただけなのに……。

悔しいが嘆いてはいられない。講演、テレビなどの仕事はどんどんキャンセルになる。

そしてなんとか破綻処理を終えて安心したのもつかの間、今度は整理回収機構から巨額の損害賠償の民事訴訟を起こされてしまった。

社外取締役として善管注意義務違反というんだ。

世の中、社外取締役はいっぱいいる。東芝にも東京電力にもね。だけど、不祥事が起きても誰１人、訴えられたことはない。

なぜ、俺なんだよ！

とにかくこの時は、心臓が止まるほどびっくりした。普通のびっくりしたというんじゃない。とにかく天地がひっくり返るほど驚いた。女房は失神寸前になった。

それからは弁護士に頼み、延々と裁判が続いた。

もし負ければ破産だ。

もう絶望だ。せっかく築いたわずかばかりの自宅などの財産も預金も、巨額の賠償金に比べたら、スズメの涙か、蚊の汗みたいなものだ。

どうにか和解になって裁判は決着したけど、辛かったな。

銀行では悪いことも、金儲けもしていない「のに」、今まで正しく生きてきた

「のに」……。ひたすら取引先のために真面目に役割を果たしてきた「のに」……。

とにかく「のに」という言葉が頭の中をぐるぐるめぐる。

この「のに」がよくない。

あなたも気をつけた方がいい。

「のに」が頭に住み着くと、悔しさ、悲しさ、虚しさで心がいっぱいになる。

一生懸命勉強したのに、成績が悪い。真面目に働いたのに、出世しない。こんなに努力をしてきたのに、上司運が悪い、などなど。

とにかく「のに」を頭からなくしなさい。これがうつ病の原因だから。

マラソンがうつから救ってくれた

妻の友人からバーベキューに誘われた。しぶしぶ付いていったら、そこにランニングサークルの主宰者がいて「一緒に走りましょう」と誘われた。

「走ったことはありません」

「大丈夫です。爽快ですよ」

私は「一度だけなら」と参加した。

そこにはいろいろな悩みを抱えた人が集って、一緒に走っていた。走りながら悩みを語り合っている。家庭のこと、子どものこと、仕事のこと……。それを聞いて走っているうちに私の頭の中のモヤモヤが晴れていった。悩んでいるのは私だけじゃない。悩みの〝相対化〟とでも言おうか、私自身を客観的に見つめられるようになった。走り終えると爽快になった。私はランニングに魅せられてしまった。

私は、走った。ランニング仲間に入って、マラソンを始めた。

これがよかった。

医学的にもランニングはうつ病にいいそうだ。例えば、最近読んだ記事では、「適度の運動がうつ病の患者によい影響を及ぼす」とあった。軽度から中等度のうつ病の場合、薬物治療と同じくらいの治療効果が認められたそうだ。

それによれば、運動がうつ病を改善する理由として、

（1）βエンドルフィン（幸福感を生み出したり痛みを和らげる脳内神経伝達物質）の産生が刺激される

（2）セロトニンやノルアドレナリン（うつ病患者の脳内で減少しているとされる脳

内神経伝達物質）の分泌が促される

（3）交感神経の緊張が解けてよく眠れる

と挙げられていた（出典：「gooヘルスケアニュース」2017年8月18日）。

だから、気分が滅入ってきたら運動することだ。それもマラソンのようにあまり勝負にこだわらない運動がいい。

マラソンは、自分との戦いだし、走っていると、他の余計なことを考えなくなる。

レースに出ると、最終ランナーになっても「ゴールは近いぞ」「しっかり走れ」って沿道から応援してくれるから。

これってあなたの人生への応援だよね。

21 セクハラの壁

「こんなはずじゃなかった」――セクハラの落とし穴

人生には「まさかという坂がある」なんて言うけれど、その「まさか」が起きるのが50代だ。これまで真面目に勤めてきて、定年まであと少し、どうにかこうにか頑張ろう……そんなふうに考えていても、もし部下にセクハラで訴えられたらもう終わりだよ。

実は、50歳を過ぎるとこうした話をよく聞くようになる。50代はセクハラの「被害」にあいやすい。「友人がセクハラで会社を辞めて……」なんて、珍しくもなくなった。

でも、当事者になったら本当に大変だ。あなたは社会的に抹殺され、取り返しがつかない。セクハラはそれくらい影響が大きい。

部下の女性があなたに仕事の相談をする時、体を妙に近づけてきたり、何かあると「部長」とか言って甘えてきたり、1日に何回となく目が合ったりすると、彼女は自分に気があるんじゃないかと思ってしまう。

それで食事にでも誘って、2人きりになって「君は頑張ってるね」などとワインでも傾けて……。

訴えられた人たちが何をしたかは知らないけど、軽率なことをするからセクハラと言われるのだろう。

一方で、あなたにまったく身に覚えがなくて彼女がセクハラと言う場合もある。あなたが振り向いてくれないからだ。なんとかあなたを振り向かせたくてセクハラと言ってみることもあるようだ。

そのような時は、堂々としていてもいい。あなたにまったく後ろ暗いところがなければ問題はない。

むしろ彼女が非難を受け、退職していくだろう。

上司に呼び出され、セクハラの事情を聴かれてもあなたに非がなければ、疑いはすぐ晴れるだろう。

セクハラで左遷された２人の支店長

私が、以前勤務していた銀行という職場でも、セクハラで左遷された支店長が何人かいた。

ちょっと実例を挙げよう。

ある支店長。なかなかのエリートだった。家庭にはお嬢さんが２人。

彼はヨット好きで、ヨットで自分の手料理を振る舞うのを趣味にしていた。その趣味が高じて、毎月１回、支店長の作る料理を食べる会が支店で催されることになった。

支店長は、皆が喜ぶと思っていた。

だけど副支店長は、「やめてください」と頼んだ。というのは食中り(しょくあた)でも起こされたら責任問題になるからだ。

支店長は「大丈夫、大丈夫」と実行する。部下は調子がいいから、「美味い、美味い」と言って食べる。その後は、お決まりのカラオケへ。そこでは部下の女性が、決まって支店長とデュエットで歌わされる。曲は「銀座の恋の物語」。

こんなことが毎月行われた。

しかしある日、デュエットを歌わされていた女性社員たちが支店長をセクハラで訴えたのだ。

支店長は私（人事部）の事情聴取に対してこう言った。

「私には娘が2人います。セクハラには極めて注意していますし、よく理解しています」

支店長は絶対にセクハラではないと無罪を主張した。

「彼女たちは、毎月、あなたの手料理を食べさせられ、毎月カラオケに同行させられ、一緒に歌を歌わされることが嫌なのです。自分たちにも予定があるのに、毎月必ず『銀座の恋の物語』をデュエットさせられたら、確かに嫌でしょう」

私は悲しい気持ちになった。彼がまったく女子行員の思いを理解していなかったから。

「みんな喜んでいると思っていたのですが」

支店長は、力なく肩を落とした。

ハラスメントの意味は嫌がらせ。要するに相手の嫌がることを強制することがハラスメント、それに性的要素が関係すればセクシュアルハラスメントになるわけだ。

この支店長の場合もセクハラと認定され、支店長のポストを解任され、関係会社に左遷された。2度と、支店長という現場に戻ることはなかった。

ほかにもこんな例がある。

単身赴任の支店長社宅に男女数人の部下たちが押しかけた。

支店長社宅で鍋を囲もうということだった。支店長は部下に慕われていた。

宴もたけなわ、酒も入って盛り上がった。

その時、1人の男性部下が「支店長、いいものがあるんですよ」とニヤニヤした。

「なに？　いいものって」と支店長が聞いた。

「エロＤＶＤでぇす。無修正でぇす」

酔った部下はオーバーにＤＶＤを皆に見せた。

「見ようぜ！　見ようぜ！」

他の男の部下たちが騒いだ。

支店長は少し躊躇（ちゅうちょ）し、女性の部下の方を見た。「まっ、いいかな」と思ってしまった。もうその時は、男性部下はエロＤＶＤを再生プレーヤーに差し入れていた。

テレビの画面には、男女が裸で汗まみれになって抱き合う姿、それぞれの局部の様子が生々しく映し出された。支店長は、部下たちと一緒に酒を飲みながら、それを見ていた。

女性たちもキャーキャー言って騒いでいた。支店長は、問題だと思わなかった。

ところが、後日、女性部下はセクハラ被害を訴えた。

嫌々ながらエロ映像を見せられたというのがその訴えだった。

人事部が調査した結果、支店長も一緒に見ていたことが判明し、支店長は左遷されてしまった。

——あの時、やめなさいと言えばよかった……。

後悔先に立たず、だ。

とにかく職場の女性の感情には注意を払わないといけない。

紹介した2人の支店長とも50代。ここまでキャリアを積み重ねていたのにセクハラで左遷され、一生後悔することになった。家族にも顔向けできない。

もし、部下から「セクハラです」と言われたら。訴えないでほしいなどと画策すると、話はもっと複雑になるから、まずは彼女の言い分を聞いて、余計なことは何もしない方がいい。

「セクハラじゃない」と興奮したり、「悪かった。許してほしい」と平謝りしたりもしない方がいい。「分かった。君がセクハラだと思うならコンプライアンス相談窓口に訴えてください。そこがセクハラかどうか調査してくれるから」と処理方法をきちんと説明するくらいがいいだろう。

いずれにしても加齢臭が漂い始めた50代。余程じゃなければ、もてるはずがない。勘違いはほどほどにしないとひどい目にあう。

今やセクハラは男性優位社会の悪の象徴。ハリウッドの大物プロデューサーのセクハラ問題、日本では有名ジャーナリストのセクハラ疑惑と、大きな騒ぎというより、事件となっている。また、財務省の次官の首も飛んだ。

男性は女性より優位にあって、女性は自分に好意がある、仕事が欲しけりゃ俺の言いなりになれなんていうのはまったく通用しないし、そんなことをすれば男性自身の社会的立場を破壊するような問題に発展する。

女性が黙っている時代ではない。女性差別だけではない。ジェンダー・フリーの意味を十分に理解しないといけない。

第3章 ◎ 50代からの「出直し」戦略

――「辞める派」へのアドバイス

22 選択の壁

転職に向いている人、独立に向いている人とは

そのまま会社勤めを続けようが、他社に転職しようが、独立して自分で会社をやろうが、どのタイプの人がどれに向いているかなんてことは、正直誰にも分からない。

言えることは1つだけだ。どれを選択しても「正直、勤勉」しかない。みずほフィナンシャルグループの祖の1人ともいえる、かの安田善次郎は「正直とは正しい道」だと言った。文字通りだ。自分の道を正直に、勤勉に歩む人なら、転職しようが、独立しようが成功するだろう。

私事で恐縮だが、私は49歳で銀行を辞め、作家になった時、心に決めたことがある。それはサラリーマンの時と同じように最低でも1日8時間は働こうということだ。

作家などという職業は、誰からもコントロールされることはない。いつ目覚めようが、いつ寝ようが、誰も何も言わない。朝でも昼でも酒に酔っていてもだ。無頼を気取る作家もいるくらいだ。

しかし誰からもコントロールされないからと言っても、結果だけは出さなくてはならない。原稿を書き、それが書籍とならなければ作家とは言えないのだ。

私のデビューを導いてくれた新潮社の江木さん、上田さん、剛さんの3人の編集者は、その名前から私のペンネーム「江上剛」を作った経緯もあり、「絶対に銀行を辞めないでください。辞めたら食えません。作家のポストは10しかないんです。その10に入らねば、連載は頼まれません」と私の独立を必死で止めた。

作家と言っても出版社が月給をくれるわけではない。小説を書き、それが本となって読者に買ってもらえなければ収入はない。銀行員時代のように、休んでいても給料が支給されるということはない。

しかし私は、作家として独立する道を選んだ。成功するか、しないかなどという大仰なことは何も考えていなかった。

もし考えていることがあったとすれば、両親の面倒を見るということだった。

私は3人兄姉の末っ子。ところが兄も姉も早くに亡くなっている。田舎には老いた両親が暮らしていた（今は2人とも亡くなったが）。そこで作家というフリーな仕事になれば、田舎で両親の面倒を見ることになっても困らないかもしれないということは考えた。

作家として独立するメリットは、どこに住んでもいいというくらいしか考えられなかった。収入などの安定性から見れば、最高にリスキーな人生選択だった。それに私には小説の賞もない。悪く言えば自称作家という程度の人間だ。また、小説を書き続けられるかどうかも分からない。もちろん、出版社から執筆の依頼があるかどうかも分からない。

こんな状況だからこそ、サラリーマンと同じように最低1日8時間は働くという義務を自分に課したのだ。とにかく8時間は机に向かうことにした。これは今も守っている。だから私は締め切りを落としたことがない。こんなことくらいしか自慢がないのが情けないが、今も作家として仕事を続けられているのは、この8時間労働義務のおかげだと思っている。どんな場合も「正直、勤勉」、これしかない。

転職癖だけはつけるな

転職で気になることがある。成功するか、失敗するかということではない。「転職癖」のことだ。

日本は労働の流動性がないと言われる。それは人材マーケットが原因であることもあるが、私たちの心理的原因もある。せっかく入社した会社を辞めることに対する心理的ハードルが高いのだ。

私は銀行に26年間勤めたが、辞めるなどということは一切考えていなかった。

「それが過労死の原因でもある」

私の中国人の友人が言った。

日本では会社を辞めることは、なかなか決断がつかない。そうこうしているうちに、うつ病を発症し、自殺することもある。

しかし、一度転職するとこれが様変わりする。次々と転職を繰り返すことになる。転職の回数で売っている経済評論家もいるが、会社を辞める心理的ハードルが極端に低くなる人がいるのだ。

私の知人は10数回転職した。理由を聞くと、ついつい上司と喧嘩してしまうのだそうだ。ここで我慢しようという堪え性がなくなってしまい、次々と会社を移る。その都度、条件が向上すれば、それもアリだが、なかなかそうは問屋が卸さない。年齢は、毎年確実に1歳ずつ増えていく。余程のキャリアがあれば別だが、最初の転職をしなければよかったと後悔しても、その時はもう遅い。だから転職しても、転職癖だけは身につけないでほしい。本当にこういう人は多い。そして必ず苦労している。

自分がやりたいことをやれ

独立しても皆が皆、成功するとは限らない。背水の陣で、どんなことがあっても独立独歩の精神を持っていないといけない。

困ったことがあれば他人や親に頼ればいいと、どこかで甘く考えていたら駄目だ。

それと安易に金が儲かるという話に乗せられたらいけないということだ。50歳を過ぎたら、やたらと独立を誘うセミナーのメールなどが来る。それに参加すると、安易に独立し、高収入が得られるような錯覚に陥ることがある。

銀行など、社会的に信用がある会社のセミナーでも同じだ。セミナーの主催者は、あなたが独立して成功しようが失敗しようが、そんなことはお構いなしだ。セミナーの受講料、コンサルタント料、独立に伴う貸付金などで成果が上がればいいだけなのだ。

だから他人に頼らない。独立独歩の気概がないといけない。コンサルタントの言うことを頼りに独立したら絶対に失敗する。

これは独立と言えるのか分からないが、アパートを建て、30年間家賃を保証するというセールスに惑わされて、高額のローンを組み、結局、入居者が集まらず破綻の憂き目にあう人が続出し、問題となっている。

バブルの時も同じような被害にあった人がいる。常識的に考えれば分かるではないか。いったい誰が30年先のことを約束できるのだ。これなどは銀行という社会的に信用がある会社が勧めたので安心していたということらしい。絶対に他人を当てにしたり、信用して独立したりしてはいけない。

知人の在日台湾人は、日本で暮らすことをとてもシビアに考えている。私たち日本人のように、いざとなったら誰かが助けてくれるかもしれないなどと甘いことをまったく考えていないからだ。

彼は、不動産を多く所有しているが、全部、自分の目で見て、自分で建物立地を確認して、他人任せにしないで、自己資金で購入し、賃貸収入を得るようにしている。

とにかく他人に騙されないように警戒しているのだ。自分で納得して投資したなら、失敗しても納得がいくからだ。

そしてもう1つ言いたいのは、せっかく独立するなら自分がやりたいこと、サラリーマン時代にやりたくてもやれなかったこと、例えば、上司に反対されて実現しなかった製品アイデア、プロジェクトなどをやりなさいということだ。

私だって、作家になって一番いいことは、自分が「書く」ということがこんなに好きだったと気づいたことだ。とにかく独立するなら、やりたいことをやろうじゃないか。それなら後悔もしないだろう。

23 転職の壁

「ミドルの転職が増えている」は本当か

ミドル、50代の転職が増えているらしい。失礼な言い方だが、これは50代が会社の中で不良資産化している証拠ではないだろうか。

不良資産がいくら市場に放出されても、相当に価格をダンピングしなければ買い手はつかない。50代の転職が増えているという情報を鵜吞(うの)みにして、「自分も転職するか」と言っても職はない。

考えてもみれば分かる。50代のあなたを新しく採用して、教育投資をしても、それなりに高給を支払わなければならないうえに、勤務期間は、せいぜい十数年だ。投資効率が悪い。

その点、若い人なら給料も少なく、教育投資をしても、勤務期間が長いため、投資効率がいい。

誰もスキルのない50代の人材なんか求めていない。この厳しい現実を踏まえたうえで転職を考えるべきだ。

運送業を営（いとな）んでいる知人がいる。運送業と言っても、小さな車を保有して大手宅配業者Ａ社の下請けをしているのだが、彼には宅配のノウハウがある。小さな荷台にどのように荷物を積み、どのようなルートで運ぶと効率がいいかは、結構なノウハウなのだ。

彼に別の大手宅配業者Ｂ社から、年収７００万円以上を保証するので、こちらに転職してほしいと依頼があった。

今、運送業は人材不足だ。引っ越し業から宅配業に転ずる人が多く、引っ越し料金が大変な額に高騰している。

そのＢ社は本当は若い人が必要なのだが、背に腹は代えられず、59歳の彼をリクルートしようとした。

「ノウハウも経験もあるお方なので我が社で是非働いてほしいのです」

Ｂ社の担当者は懇請した。

彼は、断った。なぜならＢ社が要求する配達個数のノルマを達成できる自信がなかったからだ。

「きついですよ。もう年ですからね」

彼は言った。

B社は年収７００万円を保証する代わりに配達個数のノルマを課してきたのだ。

世の中、甘くない。

彼にはノウハウがあるので、B社が若い人の指導担当として入社を請えば、彼の心は動いたかもしれない。しかし、50代といえども若い人と同じ配達個数を要求したので、彼は無理だと冷静に判断したのだろう。

このようにいくら人材不足の運送業界でも、求められる人材と50代の能力とではミスマッチが発生する。こんな例は巷（ちまた）に多い。今、必要とされるのは、宅配、飲食、家事代行など、肉体系の仕事が多い。

これはよくよく考えなければ50代にはきつい仕事だ。

またITなどの人材も求人が多い。

IT人材も若い人しかいらないと思われている。50代は不要なのだ。

自らを「優良資産化」せよ

私の知人に、50代のＩＴ技術者がいる。彼は若い頃から優秀なＩＴ技術者だ。しかし最近、うつ病になった。精神科に通い、治療している。

なぜ彼がうつ病になったのかと言えば、仕事のスキルの吸収が追いつかなくなってしまったからだ。

彼の持つＩＴ技術は今までは十分通用していた。ところが最近の急速な進歩についていけなくなったのだ。学んでも、学んでも、技術の進歩が速すぎる。それで彼は追い詰められ、うつ病になった。若い頃なら何でもなかったことが50代にはきついのだ。

50代での転職は、不良在庫の処分ではいけない。自分自身が優良な在庫でなければ転職は成功しない。優良な在庫とは、現在、属している会社では不良在庫になっていても、他社から見れば十分に優良であることだ。

例えば、今やネットで音楽を聴く時代であり、レコードプレーヤーもレコードも不要になった。

しかし、一部の好事家（こうずか）の間では、レコードプレーヤーでレコードを聴くことにこのうえない喜びを覚え、大枚を払ってでも手に入れたいというニーズがある。あなたがレコードプレーヤーでありレコードなのだ。あなたのノウハウ、人脈、過去のスキルがどうしても欲しいという人に出会わねばならない。それが50代での転職を成功させるコツだ。

新型コロナウイルスの悪影響がうすれ、景気が戻りつつあり、人材を求めているから、いつだって転職できると考えてはならない。それは若い人の特権だ。50代のあなたの特権ではない。それを理解しよう。

私の知人の運送業者のように、転職市場の好調さに浮かれないで、自分のペースを守るという冷静さが必要なのだ。

24 「市場価値」の壁

「辞められる」人になるために

「辞められる」人になるために何をしたらいいか？

今さら何を言うのか。そんなことを50代になってから言うような人は、辞められない。今の会社でどんなに不良在庫、給料泥棒とののしられても居座っているべきだ。

そうは言うものの、私もあなたの身になって考えてみよう。

まず、なぜ辞めたいのか。

私もそうだったが、今の会社に魅力を感じなくなったことが第1の要因。若い頃のように意欲を持てなくなったのだ。これはあなたの立場からの見方。第2の要因は、会社から見ればあなたの魅力がなくなったことだ。あなたが不良在庫化してしまったことだ。要するにあなたは今の会社にとって利用価値がなくなったってことだ。

あなたは会社に魅力を感じなくなり、会社はあなたに魅力を感じなくなった。だから辞めたい……。夫婦の離婚、恋人の別れと同じだ。いつまでもラブラブというわけにはいかない。この双方の魅力減退がやってくるのが50代というわけだ。これは夫婦も同じで、50代での浮気がもっとも多いらしい（フェイクかな？）。

このような状態で勤務を続ければ、あなたはひょっとしたらうつ病になるかもしれない。生産性が上がらず、会社もますますあなたへの魅力を感じなくなる。そこであなたは転職か独立を考えることになる。

まずはスキルの棚卸から

では思い切って「辞められる」人になるためにはどうすればいいか。私からは「スキルの棚卸」をお勧めする。

なに、それ？　という声が聞こえてきそうだが、あなたが50代になるまで会社で培（つちか）い、蓄えたスキル、これをノウハウと言い換えてもいいが、どんなものがあるか見つめ直しなさいということだ。そしてそれにある程度客観的に市場価値を付けてみよう。

古いレコードプレーヤーやレコードにもニーズがあるように、あなたは50代までの長い会社生活で、数々のスキルを身につけてきたはずだ。そんなものないなぁ……なんて言いっこなし。自信を持っていいのだ。

例えば海外営業の経験があるなら、どの国のビジネスに詳しいかといったことがあるはずだ。インドネシア？　ベトナム？　アメリカ、ドイツ？　それとも南米？

今の会社ではもはや役に立たなくなり、若い人に交代させられたとしても、他の会社では役に立つこともあるかもしれない。それらの国の人脈があればなおさらグッドだ。

ＩＴ技術でも、今の会社では通用しなくても、他では通用するかもしれない。国内営業を長く勤めた人なら、その営業を細かく分析してみよう。対象は法人、個人？　個人と言っても富裕層、それとも一般大衆？　営業エリアは？　管理部門の人ならどんな分野が得意なのか考えてみよう。人事、不良債権処理？　あなたが今まで苦労して身につけてきたスキルを一つひとつ拾い集めるのだ。

こうして自分の持つスキルを棚卸して、それに市場価値があるかどうかを探ってみよう。

ネット上で探ってみてもいい。人材コンサルタントの会社に相談してもいいだろう。

とにかく「人生に無駄なし」の信念を持って自分のスキルに価値を見出すことだ。その結果、思いがけないところから転職の声がかかる可能性がある。

それはあなたのスキルを認めてくれた会社だから転職してもうまく行くだろう。

小説家として独立したきっかけ

棚卸の過程で、あなたがやりたかったことが見つかるかもしれない。その時は、それを持って独立にチャレンジしてもいい。

私は、支店長になった際、朝日カルチャーセンターの小説講座に通った。本部から出され、支店長になった時、妻から「ぬれ落葉になる」と言われたのだ。支店長という立場上、支店内に時間外もずっといるわけにはいかない。部下に無意味な残業を強いることになる。かと言って接待も好きではない。本部では、仕事で深夜帰宅が常態だったから、妻は私に何か趣味を持つことを勧めたのだ。

私は妻のアドバイスで朝日カルチャーセンターの資料を取り寄せた。そこで小説講座を見つけたのだ。自分で何をやりたいかと考えていたら、小説を書こうと思った。その瞬間、高校生、大学生の時に同人誌を出したワクワク感が蘇ってきた。仲間たちで原稿を持ち寄り、ガリ版を切り、表紙の絵を描き、製本し、書店に並べてもらう。ガリ版刷りの安っぽいカストリのような雑誌だったが、広告を載せてくれる商店もあった。

「そこに並べなさい」と下宿先の東久留米の山本書店さんは応援してくださった。今でも最高に感謝している。網元という料理屋さんにも広告を出していただいた。

まるで過激派か何かのような、汗ばんだTシャツに汚れたGパン姿の学生を応援してくださった方々の顔が浮かんだのだ。

もう一度、あのワクワク感を取り戻せないか。

「小説はいつでも書ける」とおっしゃった、恩師である井伏鱒二先生の声が蘇った。

小説のスキルがどこかに残っていた。そして銀行でのいろいろな経験が、そのスキルにいつの間にか磨きをかけてくれていた。

人生、思わぬところで思わぬことが役に立つ

私は小説講座に熱心に通い、講師から課題として指示される以上の本数の短編小説を書いた。講師からは半年に1本の短編小説を書くようにと言われていたが、私は3本も4本も書いた。講座に通う仲間に読んで批評してもらうのが、楽しくて仕方なかった。

そのうちの1本「ささやかな抵抗」をその頃親交のあった高杉良さんに読んでもらった。これを高杉さんが気に入り、評論家・佐高信さん推薦の形で「小説新潮」に掲載されたのだ。私がそれで満足していたら、新潮社の江木さん、上田さん、剛さんの3人の編集者が「長編を書いてほしい」と言ってきた。私は「書きましょう」と約束してしまった。それから毎月100枚、10カ月間、律儀に月末になると、高田馬場支店から東西線に乗って新潮社に原稿を持参した。1000枚になった時、3人から「本にします。江上さんのようにちゃんと原稿を書いてきた人は初めてです」と褒められた。

それでチャンスをもらい、私は作家になった。

「銀行の仕事を一生懸命やりなさい」という井伏先生の言葉は、本当だった。仕事を一生懸命やったおかげで、私は作家としてのスキルを身につけていて、それが市場価値を持っていたのだ。

さあ、あなたも「スキルの棚卸」をして不良在庫を磨き直し、優良資産に変えようではないか。

25 人脈の壁

50代からは「カネ」より「人間関係」がモノを言う

先ほど「スキルの棚卸」のことを話したが、「名刺の棚卸」もぜひやってみてほしい。「人脈の棚卸」とでも言おうか。詳しくは第2章で紹介しているので参照してほしい。

名刺の棚卸をしていく中で、絶対に捨ててはいけないのは、あなたと濃密な時間を過ごし、あなたという存在を、会社を離れて、一個人として認めてくれている人物の名刺だ。

これが、あなたが会社を辞めた後に役立つ。

もしあなたが転職しようとしたら、彼らに思い切って頼ればいい。彼らは親身になってあなたの転職先を探してくれるだろう。あなた以上に、あなたのスキル、人格を評価してくれているから、大いに力になってくれるはずだ。

もしあなたが独立を考えているなら、彼らに独立プランを相談しよう。彼らは、あなたのプランに多くの肉付けをしてくれることだろう。新たな人脈も紹介してくれるだろう。独立プランの成功確率はグンと上がる。

注意すべきことがある。

この「名刺の棚卸」「人脈の棚卸」をする際、あなたはがっくりするに違いない。なぜなら、その人数があまりにも少ないからだ。

ひょっとしたら10数人、数人かもしれない。俺って30年も会社勤めをしながら、親身になってくれそうな人脈はこれしかないのか……と嘆くかもしれない。

しかし、がっくりしないでいい。そんなものなのだ。会社勤めでの人脈なんて会社あってのものなのだ。あなたが会社の看板を捨てたら、ほぼ何も残らないのが普通なのだ。

あなたはその十数枚、数枚の名刺を大事にしたらいい。その名刺から本物の人脈が育っていくのだから。むしろ少ない方が、これからの楽しみが多いくらいに考えようではないか。

人脈作りの飲み会より先にすべきこと

さて、ここまで話すと、あなたは社外の人脈が貴重なのだと思って、いそいそとパーティや飲み会などに顔を出し始めるかもしれない。

しかし、今さらそんなことをしても遅い。手遅れかもしれない。いや、もし手遅れにしたくないなら、今の仕事を見直し、会社本位にならないように気をつけたらいい。

50代にもなれば、会社の言いなりの営業をしなくてもいいだろう。真剣に客の立場に立った営業をするとか、今までよりも相手の話をじっくりと聞くとか、すべきだ。

相手は「この人は随分、魅力のある人だ」と思うだろう。若いうちから始めていれば、本音で話し、親身になってくれる人脈がより多く形成できただろうが、今からでもまだ間に合う。手遅れだと言ったが、そんなことはあなたの心がけ次第でなんとでもなる。

50代になったら会社を辞めて転職するにも、独立するにも、「人脈」が「金」より大事だ。金より人がモノを言うのだ。

名刺の棚卸の結果、あなたが「この人となら、会社を辞めた後も付き合いたい」と思う人を見つけたら、今からでも本音で付き合い、素のままの自分を相手に認めてもらうことだ。

私は広報を担当していて、多くの記者や編集者と銀行員時代に付き合った。自慢じゃないが、私は、彼らに素のままでぶつかった。そして信頼を勝ち得たと思う。作家などという不安定な仕事に就いても、彼らが私を陰に陽に支援してくれている。それにはとても感謝している。

作家になり、日本振興銀行の不祥事で記者会見をしても、会見場の中は、私の人となりを素のまま知ってくれている記者などで埋め尽くされていた。嬉しくて涙が出そうだった。彼らからは無言の応援のエネルギーを受け取り、私は難局をなんとか克服することができたのだ。

尊敬する三井財閥の大番頭、池田成彬（せいひん）は「貯金より貯人」と言った。彼は収入のほとんどを人脈形成に使っていた。人と会い、人と交流し、人を支援するために金を使ったのだ。それで財産がなかった。そのことを心配した友人が金儲けの話を持ってきた。もっと財産を作らないと将来が不安だと友人は忠告した。その時、彼が友人に言ったのが「貯金より貯人」という言葉だ。「貯人」しているから大丈夫だと言ったのだ。

その言葉通り、彼は戦中、戦後という大変な時代を多くの人に助けられて生き抜き、活躍した（参考：拙著『我、弁明せず』ＰＨＰ文芸文庫）。人脈こそ最高の財産なのだ。そのことを心にしっかりと刻みつけよう。

26 早期退職の壁

自分の決断に後悔しないために

50の声を聞くと、会社から肩たたきにあった……なんていう話がちらほらと聞こえてくるようになる。そうではなくとも、自分から早期退職を決断する人もいるだろう。50ならまだ体力もある、第2のチャレンジをする最後のチャンス、と思う気持ちも分かる。

そんな人に私から声をかけるとしたら、こうだ。

悩むな。

チャンスだと思え。怒りを持って遠くへ飛べ。

ちょっとかっこいいことを言ってしまったかな。なぜなら、かく言う私自身が、同じ立場に立ったことがあるから。

私も早期退職を打診されて飛び出したんだ。私が49歳の時だった。銀行が初めて

500人の早期退職者を募集した。

私には、自負があった。

総会屋事件という未曾有の事件を命懸けで、それも家族を巻き込んでのことだが、解決に導いた。

その後も汚れ役と言えば言い過ぎかもしれないが、他の人がやりたくない総会屋や暴力団との交渉、資金回収、取引解消に傾注した。

また銀行組織の改革、株主総会の改革など、上層部とガンガンと言い争いをしながら進めていった。

銀行内部にコンプライアンス意識を植え付け、それを醸成していくのも大きな苦労だった。銀行が潰れずになんとかなっているのは、多少とも私の頑張りがあったからだ……。

そんな思いを抱いていた。

今から考えれば、思い上がりだったんだけどね。

そんな私に早期退職の打診が来た。45歳以上には一律に打診しているということだった。資料には早期退職後のバラ色の人生が描かれていた。

私は、心底から腹が立った。

――俺を誰だと思っているんだ！

そんな気持ちだった。

――早期退職を打診するなら、人を見て、打診しやがれ！　このバカ。

人事部に怒鳴り込みたかった。

でも当時は、日本興業銀行、富士銀行、そして私が勤務していた第一勧業銀行は、経営統合して、みずほ銀行になっていた。

私は、第一勧業銀行ではひょっとしたらある意味では「The Only One（唯一の存在）」だったかもしれないが、みずほ銀行では「One of Them（その他大勢）」に過ぎなかったんだね。

その時、私は「辞めてやる」と怒りを込めて思った。

退職の腹を決めた瞬間

でもまだ決断はできなかった。

家族がいる。子どもは大学生。辞めてもどうするか、何も展望がない。

悶々としていた。

そんな折、銀行のとある会議に呼ばれた。その場で銀行の自己資本を増強するために取引先から1兆円の増資を募ることが説明された。役員が、居並ぶ支店長に向かって偉そうに言った。

「増資資金を集められない支店長は無能だ」

私は、カチンときた。

経営をかじ取りするのは役員の仕事だろう。オンライン事故は起こす、総会屋事件は起こす、無能な経営を続けて、資本が足りないからって取引先に奉加帳を回して「金を集めろ」とは何事だ。

ましてや金を集められない支店長のことを無能だとは失礼の極みだろう。

ヤクザが商店街やキャバレーからみかじめ料を集めるのと何も変わらない。まずは自分たちが辞任するなど、経営責任を明らかにしてから、取引先に「お願いします」と頭を下げやがれ！

この瞬間、迷っていた退職の腹が決まった。怒りが沸点に達したんだと思う。

私は、一切、増資資金を集めなかった。本部から文句を言われたが、無視した。

そして12月に早期退職に応募し、3月末に退職した。

49歳だった。

50歳になれば役員にもなれたのに……とか、中には、あれだけ銀行で暴れていながら辞めるのか、裏切り者めなどという声もあった。

しかしもう賽(さい)は投げられた。振り向くことはできない。前に進むだけだ。とはいうものの退職後の計画など何もなかった。ただ辞める、それだけだった。

妻にも退職することの相談はしなかった。

早期退職の申し出をした際に「辞めるよ」と言っただけだ。妻は「あ、そう」と答えた。

内心は動揺していたと思うけど、顔には見せなかった。

後で聞くと「お父ちゃんのことだから、なんとかすると思っていた」ということらしい。

銀行は転職に制限をかけていた。同業や取引先などに行くのは違反だなどと退職書類に書いてあった。

私は今まで苦労をかけた感謝の意味で妻と一緒にイタリア旅行に行った。3週間ほどの贅沢な旅だった。

帰ってきたら、作家としての仕事があった。

その他、支店長時代にお付き合いのあった多くの方々が、講演の依頼など、なにかと作家生活を支援してくれた。不安定な暮らしには大いに助けになった。

新番組が始まるのでテレビに出演しないかと、今も親しくお付き合いしているフジ・メディア・ホールディングスの元社長・太田英昭さん（現・産経新聞社顧問）から声がかかった。

太田さんは当時、情報局長だったと思う。「めざましどようび」という朝の情報番組を立ち上げるのにコメンテーターを探していたのだ。太田さんとは今も家族ぐるみの付き合いだ。

なんの計画もなく、怒りに任せて銀行を飛び出したのだけど、自分には財産でもなんでもないと思っていたこと、頼りにもしていなかったことが、私の財産だった。

取引先、友人、マスコミの仲間たち。それまで自分なりに誠実にお付き合いをしてきたつもりだったが、失礼があったかもしれない。

しかし私が銀行という安定的な大きな組織を離れたら、私から離れるのではなく、ぐぐっと近づいて来てくださり、仕事をくださったり、何かと支援の手を差し伸べたりしてくださった。

人生って捨てたもんじゃないと思った。

それからはとにかく真面目に、頼まれた仕事は断らないという基本姿勢で今日まで来ている。

自分を信じろ

早期退職をするかしないか、悩むのは当然だ。

温かい組織を飛び出せば、どんな冷たい風が吹きすさぶ世界が待っているか分からない。

そこに防寒着もなく飛び出したら、たちまち風邪をひくだろう。それだけでは終わらないかもしれない。凍え死ぬかもしれない。

不吉なことばかり想像しながら、暖かい部屋から窓を少し開けて外を見ているのが、悩んでいる人の今なんだね。

私は、外に飛び出さなければ駄目だなんて、軽々（けいけい）には言わない。

じっくりと考えるのもいいだろう。

しかし決断というのは一瞬のことだ。なぜ窓から飛び出したのか、本当のところはよく分からないほど、一瞬のことだ。

言えることはただ1つ。

人間は、2つの場所では存在できないってこと。今いる自分しかない。今ここにいる自分しかない。それが絶対的真実だ。そのことを理解すればいい。

そうすれば自分の決断に後悔することはない。

今ここに存在する自分を信じて、窓を開けて飛び出そうと、窓を閉めて部屋に閉じこもろうと、後悔しないことだ。それだけだ。

27 「独立」の壁

独立を迷ったら——人生の荷物は少ない方がいい

早期退職・転職という選択肢のほかに、もう1つ「独立」というものがあるだろう。これまでの経験を生かして、起業したりフリーランスになったり。

私の知人にも、「友人から起業に誘われて、どうしようか迷っているんだ」という男がいる。

私はその知人に、3つの質問をした。

1. あなたを誘ってくれた友人が信頼できる人かどうか。
2. 今の仕事に何か充たされないものを感じているかどうか。
3. その誘いに乗れば、自分の長年の夢がかなえられるか否か。

こういったことにことごとく「YES」の回答が出れば、思い切って誘われてみてもいいだろう、と。

あとは、失敗しても後悔しないことだ。

私の別の友人が、50歳を過ぎて、起業ではないけど、元上司から声をかけられた。元上司は転職先で役員になっていた。

——うちの会社に来ないか。

友人は離婚し、独身。気楽な身分で、その時、仕事にやや倦(う)んでいた。

彼は、元上司のことを信頼し、会社を退職した。

ところが元上司からはうんともすんとも言ってこない。どうしたのかと思って、彼から連絡を入れた。

すると、元上司は「いやぁ、悪いなぁ。採用計画が急に変更になってね。君の採用は無理になったんだ。連絡が遅くなってすまなかったね」と悪びれることもなく、いけしゃあしゃあとのたまったという。

友人は腹を立てたが、後の祭り。元上司を信用して、会社を辞めてしまっていたから、今さら、戻るわけにはいかない。

友人は、それから仕事を探しにあちこち走り回った。

一時期は、金がなくなり、食うにも困ったほどで、私も援助した。

――もう、死ぬしかない。

などと絶望的なことを言うから心配した。今は、フリーの経営コンサルタントとしてなんとか収入を得られるようになったが、以前いた会社での収入に比べれば大変に少ない。とはいえ、友人は後悔はしていない。収入より、フリーの立場を享受しているからだ。

50代の坂を上手に下るために

あなたが私の友人と同じ轍(てつ)を踏まないためには、会社に在籍したうえで転職を確実にすることだ。

辞めてしまったら、リスクが大きすぎる。

友人の誘いに乗って、現状を変えるかどうかは、友人を信頼するかどうかにかかっていると言ったけれど、これも良し悪し。

というのは、50歳にもなったら自分の人生くらい人任せにせず自分で決めた方が後悔しなくていいと思うからだ。

当たり前だけど、自分で決めるのが一番だ。

誘われた仕事が、自分がやりたいことかも重要だ。

ただ、収入だけに惹かれては絶対に駄目だ。

「五十にして天命を知る」と孔子も言った。

これは「諦観」を知ることのように私は考えているが、50歳というのはいろいろなものを捨てる年でもあるのかもしれない。

収入、名誉、地位と、何もかも手に入れたいと思ったら駄目だ。

今の会社で手に入れられなかったものが、外に飛び出して急に手に入るわけがない。

それだけは勘違いしては駄目だ。多くを捨てなさい。収入も地位も名誉も何もかも捨てたら……。あとに残るのはやりがいだけだ。

50歳なんて歳は下り坂。上手に下るためには荷物は少ない方がいい。

やりがい、楽しさなどを感じる仕事なら、居場所は確実なものになるんじゃないか。それは収入の多さで得られる喜びじゃない。もし収入だけで飛び出したら、きっと「こんなはずじゃなかった」と思うはずだ。

私も、辞めてみて、こんなに物を書くのが好きだったのだと初めて自覚した。そんなものだよ。辞めてみて、裸になってみて、気づく自分もある。

私は、自分が飛び出したので、その苦労が分かっているから、あまり飛び出すのは勧めない。

しかし、飛び出す人は止めても飛び出す。冒頭の知人も、私に相談しながら心の底では結論を決めていたんじゃないかな。そんなものだよ。

28 「安定」の壁

カネはあった方がいいが、なくてもなんとかなる

知人の元警察官僚はとてもユニークな人で、弁護士でもあったのだが、50代ですべての活動から身を引き、北海道で奥様と2人で暮らしている。

しかし暮らし向きは質素な中にも贅沢で、毎年、変わった国へ1カ月以上も旅行をして、情報を収集し、私に語ってくれる。

「先生はCIAですか」

私が時々冗談を言うほど、その情報は的確で、内容が濃い。

しかし警察も弁護士も辞めているので、生活費はどうしているのか不思議だった。どこかの会社の顧問をしているわけでもない。

ある日「最近のゼロ金利は堪(こた)えるね」と苦笑した。

よくよく聞いてみると、「何歳まで生きる」と決め、それまでに預金を使い切っ

て死ぬ計画なんだそうだ。

「そんなにうまく行きますか」

私は笑ったのだが、昨今のゼロ金利で予定より利息収入が減少し、堪えているそうなのだ。そうはいうものの、のんびりと暮らしてはいるのだが……。

会社を辞めると、もちろん収入が減ることは覚悟しなければならない。アナウンサーなどの職業だと、売れっ子でフリーになると、途端に何億円という収入になる人もいる。しかし、そのためには売れっ子で居続けなければならない。売れなくなれば収入は大きく減少する。

私の場合はどうか。銀行員時代もそこそこの収入を得ていた。運がいいのか、独立したら、その時以上の収入になった。これは運がいい方だ。私の場合、小説の他にテレビ出演や講演などの収入があるからだ。作家だけだったら、なかなか厳しいのが正直なところではないだろうか。

独立すると「不満はないが不安はある」

ある人がサラリーマンについて「不安はないけど不満はある」と言った。それに合わせて言えば、独立すると「不満はないが不安はある」ということだろう。ある時、賞味期限が切れ、本が売れなくなり、講演も減ったら、完全に無収入になる。年金が待ち遠しくなるわけだ。

私の場合、本邦初のペイオフとなった日本振興銀行事件で社長として謝罪会見をした時、作家の仕事はなんとか保つことができたが、テレビや講演などの仕事はすべてキャンセルとなってしまった。

妻とともに暗澹たる思いになったものだ。「不安はある」というのはそういうことだ。

しかしちょっと格好のいいことを言わせてもらえば、収入を増やすために会社を辞めたわけではない。もとより、辞める時に収入のことを考えていたら辞められない。会社にいる方がずっといい。不安がないからだ。

しかし収入は減っても自由が欲しい、ということがある。やりたいことがあり、それを叶えたいということもある。自己満足かもしれないが、そっちの方を優先する。

もう一度言う。収入のことを考えていたら、ローンの返済を考えていたら、子どもの学費を考えていたら、会社なんか辞められません！　絶対に辞められません！

そんなことを完全に凌駕して、自由になりたいから辞めるのだ。転職もそうではないか。有利な条件、有利な収入を提示されたから会社を移るようではうまく行かない。

新しい会社には夢があり、その会社に移ったら自分のやりたいことができると思うなら転職してもいいだろう。

「人はパンのみにて生きるにあらず」とイエス・キリストは言ったが、その通りだ。美味しいパンばかり探していたら浅ましくなるばかりだ。

収入は結果だと考えるべきだ。会社を辞め、転職するにしても独立するにしても、自分で努力して、真面目に、正直に働き、それを認めてもらった結果なのだ。それが自己実現にもつながれば最高ではないか。収入が減ることを恐れてはならない。

人生の価値をどこに置くか？

知人の建築家は大手ゼネコンにいたが、どうしても自分好みの家を造りたくて独立した。最初は辛酸を舐めた。どこからも仕事が来ない。しかし地道に努力した。ぽつりぽつりと依頼が来るようになった。一生懸命に依頼主のためにいい家を造った。今では都心に事務所を開くまでになっている。勤務していた大手ゼネコンからも仕事の依頼が来るようになったと喜んでいる。

何事も結果なのだ。「正直、勤勉」の結果なのだ。それ以上でも以下でもない。

「夫が会社を辞めると言ったので大喧嘩になりました」

友人の女性が言った。

夫は大手製薬会社に勤務していた。突然、辞めて薬剤師として薬局で勤務すると言い出したのだ。いずれは独立して薬局を開きたいと言う。

子どもは大学生と高校生。教育費がかかる。住宅ローンもまだ残っている。

「どうするのよ！　と大喧嘩でした」と彼女は苦笑する。

しかし、夫についていくしかないと腹をくくったら、「なんとなく道が見えてきました。今までより夫の顔に笑顔が増えました」。収入は減ったけれど、家族はまとまりがよくなったと、嬉しそうに言う。

ご主人は、会社で、彼女に言えないストレスがあったのだ。辞めて、独立を目指して、街の薬局で働き始めたら、そのストレスはどこかに消え、目標に向かう意欲に変わったのだ。

要するに人生の価値をどこに置くのか。これはあなた自身も家族も考えるべきだろう。

どうしても安定した収入に価値を置くなら会社にいた方がいい。しかしストレスフルになり、家庭がギクシャクするより、家族が力を合わせて、新しい目標に向かうことができるなら会社を辞めた方が楽しい。

収入だけで会社を辞めようとすると、収入の多さに引きずられて詐欺に引っかかったり、思わぬ変な会社に転職してしまったりする可能性もある。50代は、失敗が許されない年齢でもあるから、余計にうまい話に乗せられがちになる。

会社を辞める前にもう一度冷静に自分の価値観を見直してみよう。収入だけに重きを置いた決断はすべきではない。収入はあくまで結果だ。

29 お金の壁

家計の「財務諸表」を見直せ

これまで述べてきたように、転職するにしても独立するにしても、気になるのはカネの問題だろう。例えば、50代で子ども２人、妻との４人暮らしの家庭を想定すると、長男は大学生、長女は高校生。住宅ローンはまだ１０００万円以上残っている。

長男は奨学金を利用するが、仕送りは必要だ。

長女は、ピアノ教師について音楽大学を目指している。この特別レッスン費用もバカにならない。

妻は専業主婦。ちょっとしたパートをやっているが、家計の足しにはならない。

会社では部長という立場だ。

先日、部下が恋人に振られたという悩みで相談に来た。

くよくよするなと飲みに連れていったら、飲み代に2万5000円も使ってしまった。

自分の小遣いは月5万円。部下は2万円から3万円だという。それよりは多いのだが、とても足りない。

妻が、長男の仕送りはどうする？　と憂鬱な顔で聞いてくる。

お前ももっと働け！　と言いたくなったが、ぐっと我慢する。

では、どうするか？

「今度、職を変わるから」と言って子どもに進学を諦めさせるか？　それはできないよね。

一家の大黒柱である人が、絶望的なんて言葉を口にしては駄目だ。

リーダーが負けを認めたら、そこで勝負は終わり。もちろん、敗北する。

だからリーダーは負けは認めない。

戦線を組み立て直すだけだ。それも前向きにね。

そもそも、転職しなくとも、いずれは役職定年や出向で給料はガクンと落ちるのだ。このままいったら生涯年収はどのくらいになるか、まずは計算してみてもいいかもしれない。

一番いいのは、まず家計アドバイザーやファイナンシャルプランナーに相談して、徹底的に無駄を排することを検討することだ。

そのアドバイスに従って妻や子どもたちを交えて、転職や独立をした後もどうやって家計を維持していくか、一緒に考えることだ。

子どもたちにも、包み隠さず話して現状を理解してもらおう。

家族の力を信じよう

会社を立て直す時、社長だけがイライラしていても絶対に経営はよくならない。

まず現状分析をし、それに対する情報公開で、従業員たちも同じベクトルを向くようにすることだ。

この同じベクトルを向くというのが肝だよ。

これは京セラの創業者でＪＡＬを再建した稲盛和夫さんの言葉だ。

稲盛さんは航空会社のことは知らない。素人に再建できるかと批判された。

しかし稲盛さんは、役員や社員と「コンパ」という飲み会で車座になって「同じベクトルを向こう」と言い続けた。愚直に言い続けた。

そのうち、役員や社員たちに変化が現れ始めた。皆の心が一つになり始めたのだ（参考：拙著『翼、ふたたび』PHP文芸文庫）。その結果、JALは再建されたのだ。

あなたがどう考えて、その道を選ぼうとしているのか。誠心誠意説明して、家族に理解してもらおう。もしかすると、その道を選択することで今まで以上に家族が一つになる可能性が高い。

子どもたちはきっと一生懸命応援してくれるよ。

家族の力を信じようじゃないか。

30 後悔の壁

「第2の人生」を意気揚々と送る50代の共通点

意気揚々と生きるには「のに病」から解放される必要がある。

ある会社役員は、社長に尽くして尽くしたのに、閑職に回されてしまった。役員としての体面は保っていたが、排除されていることは周囲にもよく分かった。彼は仕事ができすぎたのだ。

ある時、部下が社長に彼のことを「虎の威を借る狐」だと讒言（ざんげん）した。仕事ができ、部下からの評判もいい彼に社長はいつしか嫉妬や警戒心を抱いていたのだろう。その讒言に耳を傾けてしまった。彼は社長にもズバズバと意見をしていたから、社長は内心面白くなかったのだろう。それが閑職に回された理由だ。

そこで私は彼に「のに病」から解放されなさいとアドバイスした。尽くしたのに、努力したのにと「のに」ばかり思っていると、頭の中はいつのまにか「のに」

でいっぱいになり、どうしようもなくなる。そのうち頭が破裂してしまうだろう。

人生というのは思うに任せないものだ。こんな分かり切ったことを言って、お前は聖人を気取っているのかと思われるかもしれないが、あえて言わせてもらおう。

例えば財務省のエリートで出世街道を驀進（ばくしん）していたのに、躓（つまず）いて国会に呼ばれ、追及を受ける立場になる人もいる。

文部科学省の次官にまでなったが、自分の信念に基づいて国の政策を批判した後にも、自由な立場になって講演しているにもかかわらず政治家から攻撃を受ける人がいる。

昨日まで平穏だった。何もなかった。このまま大過なく過ごせるはずだった。ところが一日で変わってしまう。

あの時、あの判断をしていなければ……と後悔しても遅い。その時は、信念に基づいて行動するしかない。

それを「のに」と思い続けると苦しくなる。

後悔は身も心も滅ぼす

50代になって会社に残るのも転職するにも、独立するにも、後ろを振り返らないことだ。「今」を大切にすることだ。辞めなければよかったのに、あの時あの判断をしなければよかったのにと「のに」ばかり言い、後悔すると、身も心も滅びてしまう。

日本振興銀行事件の時、一緒に再建に向けて戦ってくれていたA弁護士が自殺した。前日の夜まで一緒に仕事し、皆と食事をし「また、明日」と言って別れた。しかし、彼には永遠に朝が来なかった。

なぜ、自殺の予兆に気づかなかったのかと今でも悔やむことがある。まったく分からなかった。しかし「いずれ僕の覚悟が分かりますよ」と彼の声が聞こえたことは、はっきりと覚えている。

その場にいた誰も、その声を聞いていないというから、私にだけ彼の心の声が聞こえたのかもしれない。

彼はきっと「のに」に取り憑かれたのだろう。自殺の原因など、分かるものではないし、軽々に推測するものでもない。

しかし、あえて言えば「のに」のせいだ。こんなに弁護士として真面目に仕事をしていたのに……。彼は毎日「のに」に取り憑かれ、苦しんでいたのだ。その「のに」を取り払ってあげられなかったと私は今も後悔している。

徳は孤ならず、必ず隣有り

他にも世間の非難に晒されることになり、私に会う時も顔を隠していた大手新聞社の役員だった友人がいる。

彼は編集責任の役員だった。ある大事件のスクープ記事を一面に掲載した。しかしその記事は誤報ではないが、やや勇み足だった。世間の批判が新聞社に集中した。社長が謝罪に追い込まれるまでの大事件になってしまった。

今は、生き生きと働いているが、彼も「のに」に取り憑かれ、取り殺される寸前だった。こんなに真面目にやってきたのに、慎重に記事をチェックしたはずなのに……。「のに」は無限に取り憑いて、心をむしばんでいく。

私は彼に「のに」から逃げろ、取り憑かれるなと注意し「徳は孤ならず、必ず隣有り」という孔子の言葉を贈った。

自分が信念に基づき、仕事をしていたなら後悔するな、必ず応援してくれる人がいるからという意味で、その言葉を贈ったのだ。

しばらくして彼は「あの言葉に救われた」と感謝してくれた。50代までやってきた仕事への誇りがある。言葉が彼を救ったのだが、根底には、50代までやってきた仕事への誇りがある。だから立ち直ることができる。彼は新聞社の役員を外され、退職したが、新聞社とはまったく無関係な会社の役員に迎えられた。今は新聞社時代以上に元気で活躍している。その姿を見ると、とても嬉しい。

誇りを失ってはいけない。だから50代まで誇りを保てないような仕事をしてはいけないということだ。

人生100年時代、50代は折り返し地点

第2の人生を意気揚々と送っている人の共通点は、それまでの仕事に誇りを持って、後悔していないことだ。中には、間違った判断もあっただろう、自分や他人を傷つけたこともあっただろう。しかしそれを悔やんでも詮ないことだ。それはそれでその時は必死の判断だったのだ。

第2章で紹介した大学教授もそうだ。彼は官僚から大学教授になったのだが、能

力としては次官にもなれるような人だった。しかし彼は過去を振り返らない。「後悔していますか」との私の問いに一言、「往事茫々（昔のことははっきりしない）」と答えた。見事だと思った。

アメリカでコーディネーターをしている友人がいる。今、59歳だ。アメリカ生活は30年に及ぶ。子ども2人と妻との暮らしだ。

彼は、アメリカ取材に訪れる日本のマスコミからの依頼を受け、取材先のアポイントメントから案内、通訳となんでも精力的にこなしている。

彼は言う。

「まともに3年でも会社勤めをしていればよかったと思います」

彼は、有名私立大学を卒業し、アメリカに留学した。そこでアルバイト感覚で始めたコーディネーターの仕事が本業になってしまった。だからどこにも勤務したことがないのだ。もしアメリカで何年か会社勤めをしていれば、年金が充実し、人脈ももっと豊かになったのではないだろうかと思うのだろう。

しかし、後悔はしていない。自分の仕事が楽しくて仕方がない様子で、全米を飛び回っている。

「夢は、老後をハワイで暮らすことです。70歳まで働きますよ」

59歳とは思えない若々しい表情で夢を語る。自分が歩んできた人生を肯定的に考えている。確かにどこかの企業で勤務する選択肢もあっただろう。しかしそれを選択せずに、自由にアメリカ中を飛び回る仕事を選択した。多少、金銭面では安定せず、恵まれないこともあるだろうが、それを後悔してもどうなるものでもない。前を向いて進むだけ。そんな気持ちだろう。

50代を意気揚々と生きる人は、過去を後悔せず、まっすぐ前を向いて歩いている人だろう。そして50代を意欲的に意気揚々と生きれば、60代、70代も意気揚々と生きることができる。その意味で人生１００年時代の折り返し地点である50代はターニングポイントであり、キーポイントだ。

31 「一国一城の主」の壁

脱サララーメン店が潰れる理由

会社を早々に辞めて、貯金と退職金を元手に飲食店経営に乗り出す……。誰もが一度は夢見たことがあるのではないだろうか。

脱サラして、一国一城の主。ロマンがあるよね。

ただ、飲食店経営が苛烈な競争であることも事実だ。私の友人でも、50代で早期退職して、長年の夢だったイタリアンの店を始めたものの、なかなか軌道に乗らずに悩んでいる男がいる。2度目の結婚だから、子どもはまだ小さい。

うまく行かないなら、損失が拡大する前に廃業するしかない。

投資額を増やして、店を改造したり、コンサルタントに相談したり、メニューを変えたりするのもいいけど、そんなことはもうやりつくしたようだ。

経済学の研究に「心のバイアス」というのがある。

これは人々が豊かになると思っている時と、貧しくなると思っている時のリスクの取り方を研究したものだ。

これによると、人々は豊かになると思っている時は、リスクを避けて確実に豊かさを掴む方を選択する。

反対に貧しくなると思っていると、リスクを冒してでも豊かさを掴める方を選択する。

実感として分かるよね。麻雀や競馬で負けが込んだら一発逆転を狙って、大きな手配を狙ったり、大穴に賭けたりするようなものかもしれない。

ここまで投資してきたから、ここまで我慢したからなどと、もう引き返せないと思って突き進むと、とんでもないことになる可能性が高い。

ある飲食業界のデータによると、ラーメン屋、うどん屋、蕎麦屋などは4割が開店1年以内に閉店に追い込まれているらしい。

ラーメン屋やうどん屋、蕎麦屋などは失礼な言い方をすれば参入障壁が低いのかもしれない。安易な気持ちでラーメン屋を開店してみたら、ライバルが多くて、うまく行かないことが多いのだろう。

サラリーマンへの「出戻り」も手

別の友人もやはりイタリアンレストランを経営しているけれど、難しいらしい。

まず価格帯。彼の店は、それなりに高くてワインを飲むと1人1万5000円から2万円になる。

こうなると余程良い固定客を確保していないと経営は難しい。

安くて量もあり、そこそこ美味いイタリアンレストランなんていっぱいあるからだ。

友人の店でないといけないという個性を出さないと競争に負けてしまう。

コースメニューの方が材料の無駄が出なくて経営的にはいいのだけれども、お金はあるけど、年齢的にたくさん食べられない人はアラカルトの方がいい。しかしアラカルトにすると、食材に無駄が出て、コストアップになってしまう。毎日悩んでばかりだそうだ。

それでも友人は辛抱して店を経営している。

なぜか？　それは料理しかないと思っているから。それだけ。自分の人生から料理を取れば、何も残らないことを知っているから。

なんとか順調に経営を続けてほしい。

脱サラして飲食店を始めた人は、始める時、どれだけの覚悟があったのだろうか。たまたまサラリーマンになったけれども、いつか絶対に飲食店を経営するんだという強い希望を持っていたのだろうか。

それとも、なんとなく始めてしまったのだろうか。

結局、夢を追って生きられるかどうかは、私の友人のように料理しかないと覚悟を決めているかどうかにかかっていると思う。

そうでなければさっさとサラリーマンに戻った方がいい。歳を取れば取るほど、年々サラリーマンに戻るのが困難になるから決断は早い方がいいよ。

破綻したある大手銀行のＯＢに会った。彼は今、不動産関連の上場企業社長だ。銀行が破綻した後、数々の辛酸を舐め、起業し、成功した。成功の秘訣はと聞くと、彼は笑いながら「秘訣なんかありません。戻るところがなかっただけです。いわば背水の陣ですかね」と言った。戻るところがないという覚悟が独立には必要なのだ。

32 「夢の田舎暮らし」の壁

下調べは入念に

50代になれば、そろそろ定年も視野に入ってくる。定年後、故郷へ戻って田舎暮らしを始めようかどうか、と考える人も多いのではないだろうか。

私も故郷を捨てて東京に出てきた身だから、あまり偉そうなことは言えない。

私は3人兄姉。兄、姉、私だ。ところが兄姉の縁が薄いのか、姉は39歳で子ども2人を残して大腸癌で死去。続いて、家を継いでいた兄が49歳ですい臓癌で死去。

兄は結婚していたが、子どもがいなかったので義姉は実家を出てしまった。

家には父、母のみ。父母は、姉の子ども2人を義兄に代わって育てた。

そして今は、父母も亡くなり、故郷の田舎の実家は、甥（姉の次男）が継いでくれている。

私は、田舎に帰るつもりもないし、帰る場所もない。

妻は神戸の出身で都会育ちだから、私の田舎には住む気はない。

とはいえ田舎暮らし、いいことではないですか。一度、田舎を捨てて、東京など都会に出てきて、それなりの立場になって、再び田舎に帰り、田園生活を楽しむというのは、悪くはないと思います。

しかし私が言えることではないが、田舎は付き合いが濃密だから、そのあたりはちゃんと考えておいた方がいい。

奥さんには十分にそのことについて話をして、理解を深める努力が必要だ。

それに、意外とお金がかかる。付き合いの費用や、葬儀などでも家の格というか、昔からの習わしなどで金額が決まるからね。だからまったくの無職で年金暮らしでは、田舎暮らしといえども経済的にきつくなっていく可能性がある。

田舎は農業にしても漁業にしても定年はない。だから80歳を過ぎても現役の人が多い。

定年後と言っても、60歳を過ぎているくらいの人は、田舎では若い方になるんじゃないかな。だから多くの人に教えを請いながら畑仕事をすることになる。自分から教えてもらう積極さが必要になるね。

晴耕雨読などと言って何もしないでひきこもっていたら、単なる変人になってしまう。これは気をつけた方がいい。

田舎暮らしの準備は50代から

もし可能なら、50代からちょくちょく田舎に帰って、生活設計を具体化した方がいい。もしご両親がまだ健在ならその介護もあるだろうからね。

仕事も農業じゃなくて、どこかの企業に勤務できたら一番いい。

私の知り合いは、まだ30代だけど、まったく故郷とは関係のない九州の田舎に家族で移住してしまった。

彼は一流企業の社員だったのだけれど、奥さんと相談して、子育ては田舎がいいということで、その九州の街が勧めている移住プランに乗ったのだ。

彼は、会社を辞め、地元の公務員に転職できた。子どもたちはとても元気に育っていて、奥さんはSNSで田舎暮らしの素晴らしさを発信し続けている。

彼によると、移住したい田舎の情報を集め、何度も実際に足を運び、現地の様子を肌で知ることから始めることが重要だそうだ。その上で移住に伴う自治体の支援策、仕事、家等を調べ、入念な準備をしないと移住は失敗する。さらにつけ加えるなら、現地で役立つ特技があるといいらしい。何でもいい。それがあれば田舎の人から頼りにされる。無芸大食はダメみたいだよ。

彼らのように夫婦で田舎暮らしを愛するのであれば、素晴らしいことなんだけどね。

ひょっとしたら彼らは若いからできたことかもしれない。

60歳の定年、あるいは65歳の定年かもしれないが、会社勤めで精も根も尽き果てて田舎に戻っても楽しいのだろうか。

病気になっても、私の田舎はあまりちゃんとした病院がなかった。長年の会社勤めの後は、どこか体が悪くなっていることもある。田舎では相談できる医者は近くにいるのかな。

そんなこともちゃんと調べておこう。

田舎では、何をするのも車ばかり。運転が好きならいいけど、私みたいに運転をしない者（完全無欠のペーパードライバー）は、田舎暮らしはもはやダメだね。

地域限定社員への転身

会社によっては総合職から地域限定社員に転ずることができる。命じられればどこにでも転勤せざるを得ない総合職。しかし社長になれる可能性はある。一方、転勤エリアに制限があり、出世は頭打ちになる地域限定社員。

私の友人に、家族と共に過ごす時間が欲しいと郷里の長野に引っ越し、地域限定社員になった者がいる。出世は諦めたのだ。

彼の家に遊びに行くと、東京よりずっと広く、庭があり、風呂は温泉だった。地域限定社員を選択した時、彼は40代だったが、今も元気だ。定年になったら地域に密着した仕事をしようと着々と準備している。こんな生き方も面白い。

だから、漫然と故郷に帰るというのではなく、50歳を過ぎた今から準備を始めたらどうだろうか。「帰りなんいざ」と、やっと都会暮らし、宮仕えから解放されたと思ったら、もっと面倒な世界に迷い込まないためにもね。どんな田舎暮らしをするのか、ちゃんとイメージを固めておこうよ。

第4章 ◎ 50代からあと何年、働きますか

33 「長生き」の壁

人生100年時代の人生設計

人生100年時代……。私もあと30年以上もあるのか。明日のことさえ分からないのに100年生きるプランなど立てられるのだろうか。

この人生100年時代というのは、極めて政治的、経済的に使われ始めたように思えて、私はうさん臭さを感じてしまう。

高齢化時代の医療費増大は国家財政的には深刻な課題である。そのため高齢者に元気でいてもらいたい。介護保険などあまり使ってほしくない。100年も生きるのだから（実際100歳以上の人口は増え続けている）、元気な老人でいてほしいという国家の要請から来るのだろう。年金だって100年安心だと言って制度設計をした首相がいたが、あっという間にうまく行かなくなった。100年どころか数年ももたなかったのだ。

少子化で年金財政に入ってくる資金が減るのは目に見えているから、年金を安定的に支給するためには、支給額を少なくするか、支給対象を少なくするかしかない。そんな時、人生100年時代を提唱することは政治的に有効なのだろう。年金支給年齢を引き上げることができるからだ。

いっそのこと年金は一律に支給せず、宝くじみたいに何人かの当選者に支給するようにしたらどうか（これは冗談だけど）。

とにかくこの「人生100年時代」というのは公文書を改ざんしたり、いい加減なデータを国会に提出するような官僚が聞こえのよい言葉で国民を騙しているような気がするのは、ひねくれた私だけだろうか。

100年は、瞬間瞬間の積み重ね

しかしそうは言うものの、長生きになったのは事実だ。2016年の平均寿命は男女とも80歳を超えていた。女性に至っては87歳だ。無事に、何事もなければ、誰でも80歳過ぎまで生きることになる。

できたら認知症にならずに健康で、周囲に迷惑をかけずに生きたいものだが、果たしてそんなことは可能だろうか。

長生きにはなったが、生きることとは本来、瞬間瞬間が充実していることではないか。

孔子は「朝(あした)に道を聞かば夕べに死すとも可なり」と言った。100年生きるより、瞬間瞬間を人生の意味を感じながら生きることの方が重要だとこの言葉も教えている。その瞬間の積み重ねの結果として人生100年があるのだろう。

昨年から、連載小説のために大手スーパーのオーナー経営者に取材を重ねている。皆さん、創業者で90歳を超えている。しかし非常に元気だ。実際の経営は社長に任せているが、CEOとして会社の代表権を持っている。

「まだまだ現役で頑張りますよ」

彼らは目を輝かせて言う。

老害ではないかとの意見もあるかもしれない。しかし、彼らはそんなことに耳を貸さない。

「経営は任せています。任せないとうまく行きません。私は責任を取る要員です」

あれこれと細かく現場に指示することはない。何か問題があれば責任を取る覚悟なのだ。

彼らは戦争を経験し、私たちとは比較にならない辛酸を舐めてきている。若くして死ぬ可能性は、今とは比べものにならないほど高かった世代だ。90歳を過ぎても元気で経営の第一線に立っているということは、死神の手が摑みかかるのを巧みに切り抜けてきたのだ。だから後の世代とは根性が違う。生きる意欲が圧倒的に強い。まったく参考にならないと言っていいほど稀有な例だ。実にこういう人が人生100年時代を生き生きと暮らすのだろう。

歳を重ねることはプラスか、マイナスか

また別の視点から人生を考えてみる。それは「成熟」という視点だ。

孔子は、人生を年代別に分けて考えた初めての人ではないだろうか。

「吾、十有五にして学に志す。三十にして立つ。四十にして惑わず。五十にして天命を知る。六十にして耳順う。七十にして心の欲する所に従えども矩をこえず」

孔子は『論語』で人生の成熟について語り、73歳で亡くなった。「矩をこえず」の人間として天に召されたのだ。

人生100年時代のことを考えれば、この後、「80にして、90にして、100にして」……と言葉を残してほしかったと思う。70歳である種の悟りの境地に達してしまったわけだから、あとの30年は、それを維持するだけなのかもしれない。

しかし年齢を重ねれば、知識も感情も豊かになり、円熟し、悟りの境地に入っていくという孔子の考えは正しいだろうか。

私たちの周りには、キレる高齢者、暴走老人などがいて、高齢になっても円熟しない人が多い。実際、高齢者の人口が増加するに従って、高齢者の犯罪も増えている。

また最近の官僚、政治家が引き起こす不祥事をみていると、大人になればなるほど無責任の度を高めている気がする。

フランスの哲学者モンテーニュは『エセー』の中で、人の偉大な業績は30歳までに行われると結論づけたうえで、年齢を重ねれば、「わたしの精神もわたしのからだも、力を増したというよりは減じたし、進歩したというよりは退歩したことは確実だと考える」と素直な感想を述べている（『エセーI』モンテーニュ著、荒木昭太郎訳、中公クラシックス)。

モンテーニュの考え方が、孔子より私たちの実感に合うのではないかと思う。

私は趣味でフルマラソンをしている。60歳を超えて、明らかに記録が落ちている。老化しているのだ。虚しい抵抗を試みるが、効果はあまりない。そんなものなのだ。これは肉体だが、知識や情感なども年齢とともに円熟を増すなどという実感はない。むしろ短気になり、自分の思い通りにならなければ怒り出すこともある。私たちは衰える。このことを率直に認めよう。いつまでも元気で若者と同じではない。

衰えを率直に認めることで何が変わるのだろうか。それは衰えに対する対策を講じなければならないということだ。

肉体の衰弱のスピードを緩和するための軽い運動の継続、認知症を予防するための脳の訓練、そして何よりも長い第2の人生、老後を生きるための生活費だ。

老後破産、貧困老人などというすさまじい言葉が普通に人口に膾炙(かいしゃ)される。今は華やかな暮らしをしていても、長い老後でホームレス老人になることも他人事(ひとごと)ではない。今やそんな危機的な時代なのだ。

「長寿リスク」を高めるも低めるも50代次第

かつて、長生きは喜びだった。誰もが長寿を願った。長寿の人を寿いだ。しかし現在は、備えがない限り長寿が人生のリスクになる時代なのだ。

その転機も50代にあると言えるかもしれない。

なぜならそこから第2の人生が始まるからだ。会社を定年になるのに残り十数年しかない。そこでどのような人生を選ぶかによって老後のリスクが高まるか、低くすることができるか、である。

私のように独立し、作家などという水ものの人生を選択することは、完全な博打である。普通は止めた方がいい。もしどうしてもやりたいなら、大学教授や会社勤めをしながら作家でもあるという「2足の草鞋」を履くべきだ。これでリスクは半減する。ただし、これはどちらかにウエイト配分を考えねば、どちらも中途半端になるリスクがある。

一番避けねばならないのは、老後費用が過大になると恐れて、投機に走ることだ。一時期問題になった銀行などによるアパート経営の誘いに乗り、全額ローンでアパートを造るなどは私に言わせると、まさに「きちがい沙汰」（禁止用語のようだが、これがもっともふさわしい）だ。

バブル時代、賃貸マンションを造れば相続税が安くなると、多くの銀行が税理士と組んで資産家に土地活用をセールスした。中には、サラリーマンもいた。投資用マンションを買って借金をすれば、所得税が低くなるというセールスに乗せられたのだ。

そうして多くの資産家、サラリーマンが、バブル崩壊後の不動産不況で破産した。このことを知っているから、最近のアパートローンの増加を知って私は「きちがい沙汰」と言っているのだ。

では老後の生活費をどうするか？　夫婦なら2人でどのような生活水準で暮らしていくか、相談して、それに向けて50代から徐々に生活を変えていくことだろう。

もし蓄えが十分でないと判断したら、生活水準をゆっくりと落としていき、それでも夫婦で満足できる方法を考える。

アメリカ等がインフレ傾向を強めているにもかかわらずいまだに日本経済がデフレからなかなか脱却できないのは、長い老後を考えて賢明な生活をしようとする世ない。

決して政府が言うように「貯蓄から投資へ」などという言葉に乗せられてはならない。

どれだけ生きるか、どれだけ老後費用がかかるかは人それぞれ違いがある。他人に頼らず自分で考えるべきだ。ただ言えることは、長生きがリスクにならないようにしなければならないということだ。

神様は人を選んで短命にしたり、長生きさせたりしているのかと考えることがあるが、あくまでランダムな選択なのだろう。

長生きすることは、神様のランダムな選択の中で幸運を引き当てた人なのだと考えるべきなのかもしれない。稀にしか順調に生き残ることはできないのだから。

私には兄、姉がいたが、兄は49歳で、姉は39歳でともに癌で亡くなった。

この世に思いを残したことだろう。姉には2人の息子がいた。その成長を見届けたかっただろうと思う。兄は父親の仕事を引き継いでいたが、もっと大きくしたかっただろう。しかし死は容赦なく2人をこの世から連れ去ってしまった。

また、不祥事に責任を覚えて旧第一勧銀の宮崎邦次相談役は自らの命を絶たれた。友人のA弁護士も日本振興銀行事件の最中に自殺を選んでしまった。自ら死を選んだ彼らの思いを推し量るすべは持ち合わせていない。悩み、苦しんだ結果の選択なのだろう。

人生には何が起きるか予測不能だ。人生100年時代などと言うが、どこまで自分の生が予定されているのかは絶対に知りようがない。だから私たちにできることは長生きのリスクに50代から備えることなのだろう。それも他人に頼らず自分で考え、自分で実行するしかない。

あなたの人生の哲学は何か

それともう1つは、自分の今の人生を充実させることだ。

先ほど紹介したモンテーニュはローマの政治家小カトーの言葉を紹介している。小カトーはカエサルに抵抗し、信念に基づき、自ら命を絶った人物だ。

――小カトーは、彼が自殺するのをとめようとした人びとにむかって言った。「なんだというのだ。わたしは今あまりに早く世を去るといって非難されてしまうような年齢なのか」と。しかし彼はまだ48歳でしかなかった。彼は、どれほど少数の人間しかそこに達することがないかを思いみて、その年齢は十分成熟し高齢だと考えていたのだ（前掲書）。

小カトーは、信念に基づき、自分の人生に終止符を打った。この言葉からは、自分の生が充実していたと自信を持っていたように感じられる。

とは言え、自殺は絶対避けるべきだ。自分自身だけでなく周囲の人々も不幸にしてしまう。人生100年時代と言われるが、これは政府から言われることではなく、自らの人生を悔いなく、充実して生きるか、それぞれが自己責任で考えることだろう。

その意味で長生きの時代、もしそれが政府の言う人生100年時代なら、それは「哲学を生きる時代」だと言えるのではないか。それぞれが自分の哲学を持つ必要が、今まで以上に高まっているのだろうと思う。

34 副業の壁

副業を第2の人生に生かすコツ

政府もサラリーマンに副業を勧める。財界人もやや時代の魁のような立場にある人は副業を勧めている。

私はややひねくれているから、どうも政府などが勧めることは信用が置けないと思っている。

副業を働き方改革の一環として勧めるくらいなら、企業は副業などしなくてもいいほどの給料を社員に与えろと言いたくなる。一向に実質賃金を引き上げないで、経営者は、会社に利益を溜め込むばかりで「副業で稼げ、人脈を築け、副業で身につけたノウハウを本業で生かせ」等々、そんなうまいことばかり言うなと言いたいのだ。

副業と言っても華やかなものばかりではない。工事現場の監視、居酒屋勤務、配達業務など肉体系のものが多い。こうなると自分磨きのためではなく完全に生活のためだ。これでは疲れて、心身を病み、本業に差し支えるだろう。

しかしそうは言うものの、50代のサラリーマンともなれば、知恵を使わねばならない。

次の60代、70代の人生を考えれば、さらに言えば人生100年時代（これも政府ご推薦だが）を考えれば、真剣に副業に向き合うことも必要になる。

ここで絶対に陥ってはいけないのは、「カネ」のため、すなわち収入増加だけのために副業をしてはならないということだ。

株やビットコインなどの投資の誘いが多い。これもよくよく考えた方がいい。「億り人（おくりびと）」という大儲けした人がもてはやされるが、自分も一発当ててやろうと思っていると、本当に全財産をなくし、地獄へ「送られ人」になってしまう。

アパート経営などもしかりだ。とにかく安易に金儲けをしようとセコイ根性を出したらイケナイということだ。もう50代なんだから、若い頃のように失敗は許されない。

要するに他人の口車に乗せられるな、自分で苦労して道を拓けということだ。副業だって客がいる。そのためにはいい加減なことは許されない。ましてやあなたは50代で人生、会社経験も豊富なのだから。とにかく自力、独立独歩、この精神で副業に取り組もう。

では何を副業にすべきか。それは何度か申し上げた「スキルの棚卸」や「名刺（人脈）の棚卸」などで自分がやり残したこと、会社勤務中にやりとげたいと考えていることを洗い出し、それを副業にすべきなのだ。

例えば、あるアイデアがあったとしよう。あなたは何度も上司に提案したが、それは拒否されてしまった。それをなんとか実行に移せないか。それを副業にできないか。もしうまく行けば、ゆくゆくは本業にできないか。幸い会社は副業を勧めている……。

もし副業禁止なら妻名義でやるとか、ちょっとリスクを取らねばならないかもしれないが、そのアイデアを軌道に乗せるには50代が最終期限だろう。60代なら会社はリタイアしている。それまでに副業を軌道に乗せ、第2の人生に活用したいからだ。

余談だが、私は、若い人にはどんどん上司にアイデアを提案しろと言っている。

それは間違いなく否定される。それでも諦めずに1年後、2年後に再び提案する。その時は、もっとアイデアを練り込んでおく。とにかく1度や2度は拒否されるのが当然なのだ。それでも捨てずに、諦めずに持っているアイデアが本物なのだ。そんな蓄積してきたアイデアを、いよいよ50代になって副業として実行に移せばいい。資金がいるなら銀行に相談しよう。銀行が駄目ならネットでクラウドファンディングを使って資金を集めよう。

あるクラウドファンディングの会社に取材すると、1件当たり平均100万円で資金を集める依頼が、1日1000件もサイトにアップされるそうだ。

競争は激しい。この中であなたのアイデアはさらに磨かれることだろう。そして他人の資金で副業を始めた以上、あなたを信用してくれた人に対する責任を果たさねばならない。あなたは意欲的になり、それは本業でも生かされることになる。

「君、最近、見違えるように元気だね。何かいいことがあったのか」と上司は訝しむだろう。

「はい、恋をしています」とあなたは彼に言ってやりなさい。上司は目を白黒させるに違いない。

富士フイルムの「化石」技術者が「神様」に

さらにあなたは自分のスキルを見直す。営業しかやってこなかった。何も特別なノウハウなんかない。あまり役立たないものばかりだ。あなたは謙遜するかもしれない。

しかし待ってほしい。そんなに謙遜することはない。

私はいくつかの会社を再建してきたが、その経験から言うとどんな会社にもスキルと人材が眠っていることが多いのだ。会社を再建する時はそれを活性化させることが絶対に必要なのだ。

まず眠っている人材を発掘すること。そして今までお蔵入りにしてきたスキルを見直して、それらにスポットを当てられないか考えることだ。こうして会社は新しい姿となって再建されるのだ。

これは私が『断固として進め』（徳間文庫）、『奇跡の改革』（ＰＨＰ文芸文庫）に書いた例だが、富士フイルムで化粧品を作る時、あまり評価されていない、当たり前すぎる技術だった「乳化（ミルクのように均等に分子を混ぜる技術）」が見直され、職人芸的な技術者が最前線に立つことになった。

フィルムはコラーゲンでできている。その上に銀などのいろいろな成分をナノ化して何層も塗ったものがフィルムなのだ。ナノ化した成分を塗る際に均等に混ぜる必要がある。それが乳化の技術だ。しかしそれはナノ化の技術のように最先端のものではなく、昔から職人芸的に伝えられてきた技術だった。

その技術者は年齢的なこともありリストラされていたのだが、呼び戻された。「私なんかは最先端の仕事を支えていただけで、目立ちませんでした。まるで化石のようなものですよ」と彼は言った。しかし会社は彼の技術を必要としたのだ。そしてその化粧品を作るプロジェクトは、化石を発掘する意味を込めて〝化石プロジェクト〟と名付けられた。その後、彼は大活躍で「乳化の神様」と呼ばれて尊敬されている。

人も会社も同じだ。副業を成功させるには自分の中に眠っている意欲を呼び起こし、スキルの市場価値を見直すことが重要だ。

副業はサラリーマン生活の「再建」のチャンス

副業は、自らのサラリーマン生活の「再建」だという視点が必要なのだ。

あなたが営業しかやっていないなら、その営業を分析してみよう。個人営業、法人営業、海外営業など営業にもいろいろある。それをもっと客目線でターゲット別に細かく分析してみよう。

どんな製品、サービスの営業なのか。どのエリアが得意なのか。どの年齢層が得意なのか。自分が長年やってきた営業という仕事に自信と誇りを持って分析していこう。

そうだ、自分の子どもに自分史を語って聞かせるつもりで考えてみるのがいいかもしれない。

私はアメリカでコーディネーターをしている友人に言った。

「あなたのネットによるビジネス交渉力は抜群だ。それを本にしたらいい」

彼はアメリカで初対面のアポイントメントを取る際、メール1通で単刀直入に交渉して、まとめていく。

日本流に「時下ますます……」なんて回りくどいことは言わない。それが相手に伝わって、私の依頼通りの難しいアポイントメントをまとめていく。そのスキルを本にしたらいいと言ったのだ。

その時、私は「自分の子どもに親がやってきたことを残すつもりで本にするのがいいですよ」とも言った。

自分のスキルを見直して、それの価値を探すのは、自分の人生を肯定し、子どもに語ることなのだ。その意味で副業を自分の再建の機会と捉えたらいい。

そして分析し終えたら、それを地道にセールスするのだ。ネットを使ってもいい。あるいはチラシを配ってもいい。どんな方法でもいい。こんなスキルを自分は持っている、これを活用すればメリットがあると、いろいろな手段を使って世間にアピールするのだ。

なかなか客は来ないかもしれない。しかし諦めるな。スキルをもっと客目線で分析し直せばいい。

安田善次郎は「千里の道も一歩から」と言った。一歩を踏み出せなければ、千里の道を進むことはできないのだ。あなたも一歩を踏み出そう。そして安田善次郎は「塵（ちり）も積もれば山となる」とも言った。

たとえ小さな依頼でもそれを「塵」と考えて吹き飛ばしてはならない。積み上げるのだ。そうすれば徐々に山となり、あなたが定年を迎える頃にはそれなりの高さになっているだろう。

安田善次郎は富山から江戸に出て金融王になった。投機はせず、正直に地道に信用を重ねる道を選んだ。それが「千里の道も一歩から」「塵も積もれば山となる」である。これらは安田家の家訓であり、彼が作った銀行や保険会社等の経営の基本的考えとなっている。

私が言いたいことは、自分がやってきたことに自信を持たねば、副業とはいえ成功しないということだ。

何事も自分の中から聞こえる声に耳を傾け、自分の中から湧き起こるエネルギーを掬い上げることが大事なのだ。

安易な道を行くな。「狭き門より入れ。滅びに至る門は大きく、その路は広く、これより入る者多し。いのちに至る門は狭く、その路は細く、これを見出す者は少ない」と新約聖書の「マタイによる福音書」にもある。

たとえ副業といえども、狭き門から入る覚悟が必要なのだ。いろいろな経験を積み重ねてきた50代の今こそ、その準備にかかり、実行に移す絶好の機会だろう。

35 熟年離婚の壁

言い出す方も言い出される方も準備が肝要

２０１３年のデータによれば、50歳以上の離婚件数は５万７５００件以上に上（のぼ）る。１日に、１６０組近くの50歳以上の夫婦が離婚しているということだ。40年前に比べると約10倍にも増えており、年々増加中らしい。

妻の方から三下半（みくだりはん）をつきつける場合が多いようだが、夫の方から妻に離婚を申し出るケースも増えてきているらしい。

他人様の家庭なのでとやかく言うことはないが、離婚に割くエネルギーは大変なものだ。

離婚したっていいことはない。よほど計画的に離婚しないと、あなたも妻もともに老後破産か貧困老人になってしまう。

独身になったからといって若い女性がほいほいと来るわけではない。後妻業みたいな恐ろしいおばさんが、にこにこしながら近づいて来るだけだ。

妻の方も夫の厚生年金が分割して支給されるといっても結婚期間に応じて按分されるわけだ。結婚期間30年としてその間の厚生年金の半分が妻に行く。あなたは半分になる。

例えば厚生年金が14万円とすると、基礎年金6万円と合わせても約20万円だ。

これであなたも妻も暮らしていくことになる。

他の財産はどうするのか。不動産は売却して、ローンを返済できればいいけれど、それもできなければ誰かに貸して、その家賃を2人で分けますかね。

いずれにしても、熟年離婚の多くは「労多くして益少なし」ではないだろうか。

とはいえ、それでも別れたいといって別れるのだから、2人の長年の結婚生活でどうしようもなく齟齬(そご)が大きくなったってことなんだろう。

私の友人の中には熟年離婚、熟年再婚してハッピーな者たちもいる。

ともに社会的地位も財産もある。彼らは、かなり前から別れて暮らしていた。

そして離婚協議をしていた。その間に再婚相手の女性を見つけていたね。

その女性が離婚の原因ではないらしいが、「おい、離婚が成立するまでは彼女のことは女房に内緒だからね」と私に頼み込んだ。

　奥さんに言うつもりなんかさらさらないが、離婚協議を順調に進めるためには彼女の存在を秘密にしておきたいのだ。

　今、彼らは2回り以上も年齢が離れた女性と再婚し、一緒にゴルフをしたり、旅行に行ったりと、とても幸せそうだ。

　これはハッピーなケース。

　彼らの成功例から考えると、熟年離婚を成功させようとしたら、突然に思い立つのではダメということだろう。妻から申し出がある場合も、夫から申し出る場合も同じだが、準備期間が必要ということだ。

　もしあなたが妻と熟年離婚をしようと考え、その時期を60歳の定年の日と定めるとしようか。妻に対する不満は「性格の不一致」だ。

　定年後の長い人生を妻と一緒に暮らす気持ちにはなれない。

　妻とは趣味が違う、またあまり家庭向きのことをしないので料理も下手だ、テレビのバラエティを見て笑っているだけ、もううんざりだ。

　これは私が説明しやすいので夫から妻へ離婚を申し出るケースを想定している

が、妻から夫へも同じだ。

無趣味で、妻と趣味も合わず、朝ご飯の最中に、今日の昼ご飯は何かを尋ねるような夫だと、妻だってうんざりするだろう。

今50代なら、これから準備しよう。

財産をどう分けるか。貯金は、年金は……。1人暮らしをしても困らないように料理や整理術なども身につけよう。どこに暮らすかも考えておいた方がいい。また妻以外の気の合う女性と（浮気ではなく）付き合うことも必要だ。可能性だが、その女性が妻と離婚後のパートナーになってくれるかもしれない。

まあ、こんなことを考えて生き生きと準備していたら、あなたは案外魅力的な夫になるかもしれない。

妻の方も定年離婚の準備をしているだろうと思うと、スリルがあるね。

妻はしっかりと準備していると思うよ。あなたの年金なんか当てにしていないかもしれない。

あるいはしっかりとパートナーを見つけているかもね。

だいたい、いざとなったら妻の方がしっかりしているから。夫の方は妻に先立たれたり、出ていかれたりしたら、あとはゴミ屋敷にコンビニ弁当で野垂れ死にっていうのがだいたいのコースだ。

こうならないためにも事前の準備が大事だってことだ。何事も事前の準備なくして行動に移したらダメだからね。

「期間限定別居」も手

こんなケースもあったね。

私の知り合いの女性は、夫が定年後、突然DV（家庭内暴力）になったという。それまでは穏やかな人だと思っていたのに、急変したのだ。

家の中は地獄のようになり、いつ殺されるかと不安だったようだ。理由が分からないのだが、会社内での長年の不満が、定年で家庭にひきこもるようになり、爆発したのだという。それで結局、長い裁判（10年）を戦って、70歳でようやく離婚が成立した。

彼女が自宅をもらって、夫が出ていった。彼はすぐに癌で死亡したらしい。DVになったのもどこかが病んでいたのかもしれない。

夫婦も長く一緒にいると、いろいろな問題が起きるね。

定年離婚は、避けがたいかもしれないけど、そんな気持ちになったら、お互い少し距離を置くのもいいだろう。

一度、離れて暮らすのを提案してみて、それでも別れたいなら、ストレスフルな毎日を過ごすより、心機一転やり直す方が体のためにもいいかもしれない。

離婚にはものすごくエネルギーが必要だと離婚した友人から聞いたことがある。定年になってからそんな膨大なエネルギーを使いたくない。そのためには定年になったら家にひきこもらないことだ。相変わらず妻に向かって〝メシ、風呂〟なんて態度をとってはダメだ。

会社で上司に忖度し、ゴマをすっていたように、今度は妻にも忖度し、ゴマをすることをお勧めする。

36 家族の壁

家庭での新たな居場所を作る

先日、酒の席で、ある編集者が愚痴っぽくこんなことを言っていた。

「結婚して20年以上たって、妻との関係が冷え切っている。子どもたちも友人との付き合いや大学生活が忙しくて、最近なんだかよそよそしいし、働き方改革で帰れ帰れと言われても、家には居場所がないんですよ……」

これはよくあるケースだね。

真面目に仕事一辺倒。多忙な職場で、夜9時前に帰れたためしがない。気づいたら家のことは何もしない。

メシ、風呂だけ。

妻は、夫のことを日常的に愚痴っている。それに影響されて子どもたちも父親に不満を持つようになる。

50代になり、先も見えてきた。そろそろ会社での仕事も暇になってきた。家庭を振り返ってみた。するとそこには寒々とした空気が漂っていたということだ。

みんな自分のせいだよね。何かにつけて仕事だ、仕事だと言って家庭を顧みなかった罰ですよ。

今さらっていう感じがあるけど、これを修復するのは難しいね。人間の感情の問題だから。

妻に急に優しくしたり、どこかに旅行しようか、食事に行こうかと誘ったりしても「あなたと行っても面白くないから」と一蹴されるのがオチ。

子どもだってそうだね。一緒に遊ぼうか、酒でも飲もうかと言っても「お父さんはうるさいからいいや」「友達と予定があるから」と断られるだろう。

もういいじゃないの。そんなこといちいち気にしていたら、あなたがちっとも面白くないよ。

50歳を過ぎたら、夫婦はそれぞれ別の趣味を持ってもいいんじゃないの。

もちろん、共通の趣味があれば最高だけど、今になって急に「共通の趣味を持とう」などと言っても鼻で笑われるだけだよ。

無理だね。

お互い、相互不可侵で行くべきじゃないかな？

1人で楽しめる趣味を見つける

そもそも、自分自身に楽しそうな趣味がないことが問題なんじゃないか。家庭内に居場所がないなんて情けないことを言わないで、何か楽しいことを見つけて、それに没頭すればいい。

「お父さん、最近、楽しそうじゃない。何をしているんだろう」って関心を持たれるようになればいいね。

ガンダムプラモデル作りでもいい。ただし、エロは駄目だよ。

私の友人にフィギュア作りの名人がいる。本人は有名企業のサラリーマンで管理職なんだけど、作るフィギュアが、可愛い少女ものばかりで、家族は冷ややかに見ているらしい。

何か問題を起こすんじゃないかなんて目で見られているよと彼は笑っているが、

これはあまりお勧めしないね。

私が言いたいのは、あなたなし、あなた抜きで家庭の秩序ができあがってしまっているということだ。

それを今さら、無理やり変更しようとしたら軋轢が生じるだけ。

だったら既存の家庭内秩序を踏襲しつつ、あなたは新しい居場所作りをした方がいい。

外で飲んだり、帰宅を遅くしたりするんじゃなくて、自宅で何か生き生きと楽しそうなことをするんだね。

料理、絵、今流行中の俳句を詠むなど家の中やご近所でできることはたくさんあるじゃない。自分自身が生き生きとしている姿を見せることが大事だよ。

エピローグ ◎ 50にして天命を知る

「50にして天命を知る」と孔子が言った。なんとなく分かった気になっていた。だけど、よく考えたら分からない。そうじゃないですか？　皆さん。天命を知るってどういうこと？

天命というのは辞書によると、天の命令、使命、天寿だとか。英語で言えばfate。すなわち運命ってことか。

孔子は聖人だから、50歳になった頃には自分の使命を知ったことだろう。乱れた世の中に「道」を造る。君子としてどのように生きるかという「道」を造る、というような使命だったのだろう。

しかしその「道」造りは、あまり人に理解されず苦労の連続で、弟子とともに飢え死にしそうになったこともある。

それでも孔子は、その「道」を求めて歩いた。人に理解されなかった苦難から生まれた言葉だから、今日まで孔子の言葉は私たちの人生の指針として残ったのだろう。ある意味では、人に理解されなくても自分の「道」を歩けと孔子は教えてくれているのかもしれない。

そのように考えると天命というのは、自分の「道」ということではないのか。

悟っていても、いなくても、どっちでもいい、自分の「道」を歩けばいいんだということが、天命を知るってことじゃないだろうか。

それって、要するにジタバタせず、開き直れってこと？

その通りだ。50歳にもなって、急に何かを悟って方向転換などできるものだろうか。

孔子だって、どんなに仕事にあぶれても、弟子と一緒に飢え死にしそうになっても、自分よりバカな奴が宰相に登用されても、それでも自分の「道」を歩いた。たいした男だ。孔子は、考えられないほど不器用で、生き方の下手な男だ。

しくじりのある人生を愛せるか

孔子は、あなた自身じゃないか。「そんなことはない。自分は、もっと要領よく生きている」と言う人がいるなら、訂正する。

孔子は、私自身だとね。

世間の人は、どのように見ているか知らないし、気にしたこともないが、私の人生は決して順風満帆というわけじゃない。「小説を書いたり、テレビで偉そうにコメントしたりしていながら順調じゃないって！　お前、よく言うよ」。

そんな声が聞こえてきそうだが、人並みに苦労しているし、しくじりもしたと言いたいのだ。

誤解してもらいたくないが、そんな人生を悔やんだりしているわけじゃない。

孔子だってそうだろう。自分の人生を後悔しても仕方がないから。

２０１４年から２０１７年まで放映されたテレビ番組で「しくじり先生　俺みたいになるな!!」（テレビ朝日系列、２０１９年から第2期レギュラー放送中）というものがある。面白いので時々見ていた。

有名スターが、自分の人生の失敗「しくじり」を生徒役のタレントに話して聞かせる。自分のようにしくじらないようにとの教訓を与えるというものだ。

ある有名歌手は、若くしてスターになり、世間のことを何も知らない間にたくさんのお金を得たため、マネジャーなど関係者に騙され、財産を横領されてしまう。一時期は、食べるものにも事欠く始末。

なぜこんなことになったのか。その原因は「お人好し」な性格だったと分析する。

しかし、その表情には悲惨さがない。

それは今が幸せだから？

そうじゃないだろう。

今もきっと多くの問題を抱えているはずだ。実際、彼は、今も多くの裁判を抱えているからこれ以上は話せないと言った。

辛いこともあるだろう。腹が立つこともあるだろう。情けなくなることもあるだろう。

それらが自分のお人好しが原因だとしても「今さらどうしようもない」という諦めの心境に到達したため、彼の表情に悲惨さがないのだ。

しくじりばかり繰り返す自分のお人好しをひっくるめてすべての自分を愛することと、それが生きるってことだと彼は気づいたに違いない。

40代で、第一勧銀総会屋事件の渦中に

私は、兵庫県の田舎に生まれた。人間よりも猪や鹿の方が多いかもしれない山間の村だ。

私の周りには大学生という存在は1人もいなかった。新聞や本を読む人もいない。反抗期になり、私は父と戦うために勉強して大学に行こうと思った。

そして早稲田大学に入った。早稲田大学は、毎日、学内紛争に明け暮れていた。私は勉強などせず、そうした紛争に肩入れしつつ、政治学科だったにもかかわらず好きだった小説ばかり読んでいた。

ドストエフスキー、バルザック、トルストイなど西洋文学、大江健三郎、椎名麟三、そして運命の出会いとなる井伏鱒二……。

学校にも行かず下宿に閉じこもって、炊飯器で飯だけ炊いて、それを頬張りながら、ひたすら小説を読んでいた。

今思い出しても幸せだった。何も考えずひたすら本を読む――。

小説家になろうとか、実業家になろうとか、大儲けしようとか、なんの野心もなかった。

井伏鱒二先生と出会い、先生の家に通うようになった。きっかけは18歳の時。大学1年生だった私は、デモに出て怪我をしなければ、ファンであった井伏先生に会おうと願をかけた。幸い怪我をしなかった。そこで早稲田大学の公衆電話から井伏先生に電話した。今思えばなんと大胆なことをしたことか！　驚いたことに井伏先生ご自身が電話に出られ「今から来なさい」と言われた。こんな幸運があるだろうか。私は早速、荻窪の井伏先生の自宅を訪ね、先生と酒を飲んだ。旅の話、小説の話、太宰治の話などなどを拝聴するのが人生の最高の楽しみだった。

大学は留年し、5年で卒業。就職は、運よく第一勧業銀行（現・みずほ銀行）に決まった。

成績がよかったわけではない。第一勧銀に入行していた先輩が、どこにも就職する当てがない私に同情して斡旋してくれたのが実態だった。

小説はいつでも書ける、しっかりと商売を学んできなさい。

これが、就職する際の井伏先生の励ましの言葉だ。お祝いに、革靴を2足も購入していただいた。

小説はいつでも書ける――。

要するに才能がないから小説家になるなということだったのだろう。

私は銀行員として努力した。いろいろなことがあった。そして42歳の時、第一勧銀総会屋事件に遭遇して、その渦中で戦うことになった。第一勧銀が大物総会屋に巨額の資金を不正融資していることが明るみに出て東京地検特捜部の強制捜査を受け、11人の幹部役員が逮捕され、1人の相談役が自殺するという未曾有の金融不祥事だった。

井伏先生は既にお亡くなりになっていたが、奥様がニュースを見て私のことを心配されていたとご遺族から聞いた。涙が出るほど嬉しかった。

私は、この事件で、組織とは？　人生とは？　など多くのことを考えた。尊敬する宮崎邦次相談役の自殺もショックだった。自殺した1人の相談役というのは宮崎邦次さんのことだ。宮崎さんは非常に謙虚な人柄で、私のような部下にも気さくに話しかけ、一緒に食事をしようと誘ってくださる方だった。それで退職を決めた。

この事件の最中、涙を流さない日はなかった。

宮崎相談役の苦悶の表情を見た時、ある役員が逮捕される前、一晩中、銀行をよくするためにはどうしたらいいか話し合った時、ある部長からいい銀行にしてくれ、私は逮捕されるからと言われた時……涙が止まらなかった。なぜ、こんなに真面目な人が捕まってしまうのか！　怒り、憤り、どんな言葉を尽くしても尽くしきれない。

妻にも迷惑をかけた。

私が深夜帰宅すると、記者が待っている。私は、彼らを自宅の狭いリビングに上げる。妻は、酒とつまみを用意する。朝の4時、5時まで記者たちと事件について語る。

第一勧銀を助けてくれ、支援してくれと、私は記者たちと話し込む。そのままリビングで寝込む記者もいる。私は、彼らをそのままにして銀行に出かける。

こんな日々が続き、妻は健康を害した。

近所にも大いに迷惑をかけた。息子は、ほとんど寝ないで事件の処理に当たる私を見て「頑張れよ」と言ってくれた。彼が通う高校では教師が第一勧銀のことを悪の銀行呼ばわりしたそうだ。虐められはしなかったようだが、肩身の狭い思いをしたことだろう。しかし息子に父親の背中を見せることができたのはよかった。自己満足かもしれないが……。

命懸けで取り組んだ再建事業

株主総会を乗り切った翌日、宮崎相談役が自殺された。よい銀行にしてくださいと遺言されていた。佐賀出身の古武士のような方だったので、自殺の第一報をマスコミから聞いた時、私は『葉隠』だと思った。

病院に駆け付けた。記者に取り囲まれ、私はその対応に当たった。ある役員が「代表訴訟が怖かったのだ」と呟いた。私は、その役員が宮崎相談役のおかげで出世したことを知っていたので「許せない」と思った。宮崎相談役は、お前のように自分のことだけを考える人ではない、無欲の塊の方ではないか、自分とともに働いた人が司直の手にかかっていくのに耐えられなかったのだ、責任を感じられたのだ、武士として切腹されたのだ。私は、心の中で叫んだ。

東京地検に殺された、と本気で思った。私は記者に囲まれた中で「相談役は地検に問われても（総会屋との関係については）記憶にないと言われていました」と宮崎相談役の無実を弁護した。

私は、株主総会の後は、銀行を浄化する組織を作り、その責任者として不良債権の回収、暴力団、総会屋など反社会的勢力との縁切りに、命懸けで取り組んだ。

これは冗談ではない。警察や弁護士の協力を得はしたが、「自分のことは自分で始末する」という覚悟で、仲間10人と問題に対処した。仲間の1人は「死んだっていいから、いい銀行にしましょう」と私に決意を語ってくれた。

私は、1人でも危害を加えられる事態となれば、責任を取って銀行を辞める決意で取り組んだ。なぜこんなに本気になったのか。

それは宮崎相談役の死、そして逮捕されてしまったが、頭取に就任される予定だった役員のFさんが「もう2度とこんなことを繰り返してはならない。私が頭取になったらすべての総会屋や暴力団との取引を公表し、根絶する。君も手伝ってくれ」とおっしゃったからだ。私は、「分かりました」と約束した。

ところがFさんは、審査担当役員だった責任を追及され、逮捕されてしまった。

私は、Fさんとの約束を、いわば遺言として受け止め、仲間を募り、不逞の輩との戦いを始めたわけだ。幸いにも仲間が怪我をすることはなかった。

しかし事件後、私や事件処理に関係した者たちが順調に昇格したことで「あいつら焼け太りだ」とやっかみの声が聞こえた。後に西武鉄道を再建し、西武ホールディングス社長となる後藤高志さんもやっかまれたうちの1人だ。

この事件が多くの人の人生に影響したことは間違いない。逮捕された人は当然だが、この事件がなければ私は作家になっていなかっただろうし、後藤さんは西武ホールディングスの社長になっていなかっただろう。

また2018年1月に商工中金の再建を託された関根正裕さんは、私の部下だったが、彼がその火中の栗を拾う選択をしたのも、総会屋事件を一緒に戦ったからだ。

私も後藤さんも関根さんも事件を通じて、人間の醜さや美しさを見た。また会社が永遠に安定していないことも知った。不祥事を起こせばたちまち経営が悪化し、基盤が崩れることも分かった。そして仲間と一緒になって問題に立ち向かうことがいかに重要かを体験した。これがそれぞれのその後の人生に大きく影響した。とにかく問題から逃げないこと。これが3人の共通項だ。

「のに病になるな」という教え

私は兄姉の縁が薄い。平成元年に姉が39歳で癌により亡くなった。元気のいい姉だった。私がある金融商品を発案して日経新聞に掲載された。その記事を病床にいる姉に見せた。小さな記事だったので「こんなものか。でもよかったな」と言ってくれた。

気丈な母が、棺に向かって「アホ、アホ」と号泣していたのを思い出す。父は、姉の昔の写真を見ては、茫然自失していた。

平成10年には、兄が49歳で癌で亡くなった。兄は、姉が亡くなった時、「これ以上、父、母を悲しませてはならん。お互い長生きしよう」と私に言った。ところが父母の面倒も見ないで亡くなった。

3人兄姉の末っ子の私だけが残った。私はなんとしても父母を看取らねばならないと決意した。

おかげ様で母が平成20年に83歳で、父は平成26年に89歳で亡くなった。私は無事に2人を見送ることができた。それだけはよかったと思う。

父も母も、戦中戦後を必死に生きた。戦争で苦労したこと、借金、子ども2人に先立たれる不幸などを胸にぐっと押し込めて、富も名誉も求めずに生きた。

子どもに先立たれた時は、なぜ自分たちにこんな不幸が訪れるのかと怒ったことだろう。しかし、それもすべて飲み込んで生きた。

母が私に言った言葉がある。本書でも紹介した言葉だ。

「のに病になるなよ」

〇〇したのに、と人は「のに、のに」と言いたくなる。努力したのに報われない、尽くしたのに分かってくれないなどだ。この「のに病」にかかると苦しくて仕方がないというのだ。

きっと相田みつをさんか誰かの言葉なんだろうが、私はいい言葉だと思う。人生、「のに」が報われることはない。

第一勧銀は、事件後、日本興業銀行と富士銀行と3行統合することになった。生き残りのためとはいえ、私は反対だった。宮崎相談役に遺言された「いい銀行」にするための努力が十分になされたとは言えないからだ。

私は、合併の実務の委員の1人になったが、その後、高田馬場支店の支店長に転出した。

ある役員は、「君は、本部では大いに活躍したが、支店ではどうかな？　よく見させてもらうから」とうそぶいた。

彼は、総会屋事件の時など何もせずに逃げてばかりいた。上司が逮捕されたり、退任したりしたために役員になったような男だ。

私は、この野郎と思ったが、ぐっと堪えた。

頭取は「不良債権の多い店だ。申し訳ない」と言った。試すつもりだったのだろう。

「お前、経営トップに逆らいすぎなんだよ」と警告してくれる先輩も数多くいた。しかし、高田馬場支店では、行員にも地元の人にも恵まれて、楽しく働き、よい成果を収めることができた。

小説家への転身、50歳直前の辞職

支店長の傍ら、新潮社から言われて小説『非情銀行』を書いた。

小説家になるなどとは考えていなかった。ただこのまま銀行員として暮らしていても自分らしさが失われるのではないかと思ったのだ。遺言のつもりだった。

新潮社が一生懸命に売ってくれた。『非情銀行』は評判になった。覆面作家だった。新潮社の担当は、「銀行は辞めないでください。作家で食っていくのは難しいですから」とアドバイスしてくれた。

しかし、私は、辞めた。新しくスタートしたみずほ銀行の経営陣が、亡くなった宮崎相談役の遺言である「いい銀行」にする気概を失い、派閥争いばかりしているのに嫌気がさしたからだ。

銀行の人たちからは、勝手に辞めたことを批判された。最初から小説家になるつもりだったのだろう、銀行をかき乱した張本人……などという悪口も聞こえてきた。

社外取締役から社長へ

長々と私の人生についての語りに付き合わせて申し訳ない。

もう1つだけ付き合ってほしい。それは日本振興銀行事件だ。

作家やコメンテーターとしての仕事も順調だった時、朝日新聞の友人を通じて木村剛さんが作った日本振興銀行を助けてほしいと頼まれた。

中小零細企業を支援する銀行だと言う。当時は、貸し渋り、貸しはがしで中小零細企業が苦しんでいた。

私は大銀行の出身。銀行員時代の経験から、中小零細企業への支援を痛感していたので引き受けた。社外取締役として木村さんへのアドバイスができればと考えた。

木村さんは、銀行界のスーパーエリート。彼が中心となって作成したと言われる金融庁の検査マニュアルで私たち銀行員は指導を受けていた。実際、私は、彼の検査マニュアルの講義を大勢の行員たちに交じって遠くから拝聴したことがある。ある友人は「やめなさい」と忠告してくれた。木村さんの評判は決してよくなかったようだ。

でも私は、自民党の平将明さんらとともに社外役員になった。

木村さんに何度も言ったのは、「銀行はストック商売で焦ると、腐りやすいからね、中小零細企業とは対面融資が原則だよ」などということだ。

木村さんは私たち社外役員のアドバイスを傾聴してくれていたように思った。彼は、私の目からは贅沢するような人に見えなかったし、真面目に取り組んでいた。

しかし、成果に焦っていたのだろう。株主からの圧力もあったのではないか。また当時の金融庁をひどく敵対視していて「金融庁に潰される」と警戒していた。その理由は私には分からない。なぜそれほどまで金融庁と敵対するのか、彼は理由を明確にしなかった。

私の耳にも、「早く身を引いた方がいい」というアドバイスが多くの友人から聞こえてきた。

しかし、社外役員が辞めると、取引先、預金者、従業員に迷惑をかける。そう思い、1人として辞める者はいなかった。

中小零細企業のために頑張っている銀行であることは間違いなかったからだ。私たち社外役員は、銀行経営から利得を得ようなどと考えている者は1人もいなかった。社会貢献の気持ちだった。

日本初のペイオフ発動銀行という不名誉な事態を招いたため、弁解になるのであまり言いたくないのだが、社外役員というのは非常に難しいということだけは伝えておきたい。

執行を担う役員たちを信頼しなければ、社外役員はできない。自分たちが日常の経営判断をしているわけではないからだ。

だから執行役員から提示された資料を信じて、自分の持てる知見を駆使し、その書類のデータを読み取り、経営が間違いないようにアドバイスするのが役割だ。

執行役員との信頼があってこそ、社外役員は機能する。しかし、その書類やデータが間違っていたら……。

東芝やオリンパスなどの不祥事を起こした企業にも社外役員はいただろう。彼らも執行役員から提示された書類やデータを信頼して、判断したはずだ。だが不祥事を防げなかった。

日本振興銀行は中小零細企業のための銀行としてスタートした。だから不良債権も多かった。創業者の木村さんの考えもあって金融庁の方針に従いつつも、あまり従順ではなかった。金融庁が検査に入った時、検査忌避や検査妨害の疑いをかけられてしまった。そのため、金融庁に告発され、ついに警察が強制捜査に入り、刑事事件化してしまった。取り調べの検事から「社外役員の方は可哀想でしたね」と同情された。私たち社外役員には経営の真の実態が報告されていなかったのだ。それを見抜くのが社外役員だろうと言われれば、反論のしようがないので、これ以上は言うまい。

私は、刑事事件後、金融庁から依頼されて、記者会見に臨んだ。あなたが前面に出ないと収まらないと言われたからだ。

覚悟を決めて記者会見に臨んだ。その時、会場にいた日経新聞の記者（彼は、私の銀行員時代からの知り合いだ）から「小畠（江上の本名）さんは、銀行員時代も不祥事の矢面に立ち、今回もそうなりましたが、ご自分で数奇な運命だと思われますか」と質問を受けた。

なるほど、と私は思った。銀行員時代は東京地検、日本振興銀行の社外役員では警視庁と人生で強制捜査を2回も受けることになった。こんな経験をした者は、そういないだろう。

「運がいいとか悪いとかということではなく、私に役割があるならそれを誠実に果たしたいと思います」

私は答えた。

2度目の知人の自殺、そして倒産

その日から、怒濤の日々になった。木村さんに代わり社長になってしまった。友人は、火中の栗を拾ったと同情してくれたが、ここで逃げ出すわけにはいかないと思ったからだ。

社外役員の平将明さん、弁護士のT・Aさん、公認会計士（ベテランで業界の重鎮）S・Mさん、経済評論家（業界の重鎮）A・Mさんの全員が問題を正面から受け止め、誰も逃げ出すことはしなかった。なんとか再建しようと奔走した。

しかし木村さんや他の執行役員が逮捕されるなど、混乱は続いた。そして業務内容の調査をすればするほど、その内容に啞然（あぜん）とせざるを得なかった。金融庁からは厳しく追及され、破綻処理がすでに予定されているような気がした。

木村さんは、我欲のためにこの銀行を作ったわけじゃない。集まった社員たちも同じだ。なんとか中小零細企業を支援したいと思っていた。社外役員も同じだ。この銀行を潰してはならない。そう思って昼夜、努力した。

そんな中、平成22年7月末、社外役員の弁護士T・Aさんが自殺した。

ショックだった。

彼は、私が一番頼りにしていた人だった。

自殺前日まで業務内容の調査をし、弁護士事務所で打ち合わせをし、深夜、レストランで関係者と食事をした。その中にT・Aさんもいた。

T・Aさんは、まだ若く、食欲旺盛だった。

私は海鮮スパゲティを頼んだ。彼は、あっと言う間に自分のスパゲティを食べ終え、どういうわけか私のも食べた。私は、もう1皿、海鮮スパゲティを頼んだ。彼は、他の人と話していた。その時だ。スパゲティを食べている私の耳に「いずれ僕の覚悟が分かりますよ」と聞こえてきた。

この話は、彼と直接話していた者に聞いたが、そんなことは言わなかったと言っていたので、私の空耳ということになる。しかし、私ははっきりとその声を聞いた。もしかしたら彼の心の声だったのかもしれない。

私たちは、明日も頑張ろうと言って別れた。彼は、翌日の朝、自宅で首を吊った。

なぜ? 私にはわけが分からなかった。ショックだった。彼は目黒方面に帰宅したのだが、どうしてもっと話し込んでいなかったのかと後悔した。

自殺——。宮崎相談役に続いて2人目だ。私こそ、自殺したいほど落ち込んでいた。

彼の自殺の2カ月後の9月、日本振興銀行は破綻した。

破綻の決議は、早朝、顧問弁護士事務所で極秘に行い、私はマスコミに見つからないように金融庁に届け出た。

そしてまた記者会見。

ありがたいことに多くの知り合いの記者が駆けつけてくれ、非難というより私に対する応援の質問が多かった。

同席していただいた奥野善彦弁護士は、その様子に「江上さんの応援が多いですね」と驚かれていた。私は、嬉しかった。銀行員時代も、今も、不器用に、誠実に対処してきてよかったと思った。

しかし不幸は続く。社外役員のA・Mさんが急死された。私は憤死だと思った。彼は、木村さんと親しかった。だから信頼もしていた。弁護士のT・Aさんも同じだろうが、裏切られたという憤りが命を縮めたのだろうと思う。

私は、日本振興銀行の社長を解任された。

これで終わったと思った。毎日、記者に囲まれ、頭を下げる日々がようやく終わった。近所の人たちから白い目で見られることもなくなる。そう思っていた。

さらなる不幸——巨額の賠償で訴訟され、自宅差し押さえ

ところが、さらに不幸が待っていた。

平成23年の8月のある日、妻が玄関のドアを開け、転がるように飛び込んできて「お父ちゃん、預金がない！」と叫んだ。

事態が飲み込めない。私は、銀行に電話をした。なんと差し押さえをされているという。

「えっ」

絶句した。

私や平さん、公認会計士S・Mさんは木村さんたちと一緒に、日本振興銀行の債権回収に当たっている整理回収機構から訴えられたのだ。訴訟金額はなんと50億円！

自宅も預金も差し押さえられてしまった。

私は、謝罪会見などをしたためにテレビや講演などの仕事はすべてキャンセルになっていた。仕方がない。幸い原稿の仕事だけはキャンセルされなかったのは、ありがたかった（それでも出版社に文句を言う人がいた）。

世の中というのは、頭を下げたら、みんな悪人扱いなのだとよく分かった。

妻には迷惑をかけたので、さあ、これから頑張るぞ、という時に訴訟と差し押さえだ。

普通に生きている人がこんな目にあうことはないだろう。

弁護士の奥野さんは、整理回収機構の代表を務めたこともある大物だが、「ひどいことをする」と憤った。世の中には多くの社外役員がいる。倒産した会社にもいる。しかし善管注意義務違反で訴えられたことはない。初めてのケースだ。ましてや差し押さえなど……。金融庁の幹部も、内々で「申し訳ない」と言った。ペイオフが混乱なく実施できたのは、私たち社外役員がまとまっていたからだと感謝してくれていたから、余計に申し訳ないと思ってくれたのだろう。

私は「のに病」に陥りそうだった。私は57歳だ。それまで真面目にやってきたのに、仕事は無くなり、預金も自宅も差し押さえられ、もし裁判に負けたら、「破産」するしかない。57歳からどうやって再起すればいいんだ。

人助けだと思ってやったのに、火中の栗を拾ったのに……。頭の中に「のに、のに、のに」が渦巻いた。

しかし受け入れざるを得ないと諦めた。幸い奥野さんの紹介で梶谷綜合法律事務所の有力な弁護士の方々の応援を得て、訴訟に立ち向かった。

社外役員で生き残っているのは私と平さんとＳ・Ｍさんの３人だけだ。この３人が訴えられたわけだ。破綻に責任はある。社外役員が機能しなかったと言われれば、結果を見ればその通りだ。しかしやるべき経営監査は怠ってはいなかったと思っている。それでも結果が悪ければ駄目だと分かっている。それに私欲を図ったことはない。どうしてこんな目にあうのだろう。事態を受け入れたのだが、悔しさは募った。

平成27年7月に裁判長から３人で６０００万円支払い、和解するよう勧告された。私にとっては大変な金額だが、３人で相談し、和解勧告に応じることにした。その理由は、Ｓ・Ｍさんがストレスから健康を害されたことと、平さんも私も早くすっきりさせて新しく出発したかったことだ。

裁判は終わった。

天命を知るとは、自分が選んだ人生を受け入れること

こうやってつらつらと思い出を書くと、ひどい人生だ、しくじり人生だと思うだろう。

でも私が得た結論は、「人生に無駄なし」ということ。

日本振興銀行の問題のおかげで弁護士の奥野さんをはじめ、多くの有力な弁護士先生と友人になれた。今でも親しくお付き合いさせていただいている。

平将明自民党議員とは戦友になれた。

金融庁の幹部たちとも親しくなり、今も情報交換をし、いろいろなことを教えてもらう。

一緒に苦労したスタッフは、皆、多方面で活躍していて、今でも連絡を取り合う。

そして一番辛い時期に、大手機関の代表の座をあっさりと捨てて、私を助けてくれたYさん（今はプライム市場上場企業の専務）とは家族ぐるみの付き合いだ。

確かに金銭的、精神的な被害は受けたが、それ以上に得たものは多い。そう思わないとやってられないけどね。でも本当だ。できればトラブルに巻き込まれない方が幸せだが、巻き込まれた以上はそれを受け止めて、誠実に対処するしかない。

さて「天命」だが、諦観と言おうが、何と言おうが、自分が選んだ人生を受け入れることなのではないだろうか。

人生って自分が選んだわけじゃないだろう。兄姉の死なんかは私が選べるものではない。その通りなのだが、兄姉に早く死なれた後、両親にこれ以上、辛い思いをさせないようにしたいと思うのは私の選択だ。

人生は、目の前にいろいろな道が並ぶ。それを瞬時に自分で選択している。後から考えると、後悔することや安堵することも多いけれど、結局のところ自分で選んだ道なのだ。

自分で選んだ道なら、他の人を恨んでも仕方がない。自分で引き受け、選んだ道を歩くしかない。止まれば、その時は死ぬしかないのだから、歩み続けるしかない。

人生はマラソンに似ていると言われる。そうかもしれない。ゴール（死）を目指して走るしかない。しかし、そのコースは主催者が決めたのではない。自分が決めたのだ。

50歳っていうのは、そういうことが腹にすとんと落ちる年齢なのではないか。それが「天命を知る」ということだろう。

老子は、「無為を為し、無事を事とし、無味を味わう」と言った。

意味は、深くてよく分からないが、50歳になれば、あくせくして何事もやってやろう、成果を独り占めしてやろう、やった、やったと言うことはやめて、まるで何事もないかのように歩むことだと言っているのではないだろうか。

これも「天命」を知るということに通じるのではないか。

まだまだこれから先の時間が、私に残されているのかどうかは分からない。しかし50代を過ぎ、70代を目前にした今、それほど長い時間が残されているとは思わない。いろいろなことを受け止め、受け流しながら、無事に歩んでいきたいと思う。何事も為さないことが、何事も為すことになるのだと信じて……。

本書は、二〇一八年七月にＰＨＰ研究所より刊行された『会社人生、五十路の壁』を改題し、加筆・修正したものである。

著者紹介

江上　剛（えがみ・ごう）

1954年、兵庫県生まれ。早稲田大学政治経済学部卒業。77年、第一勧業銀行（現・みずほ銀行）入行。人事、広報等を経て、築地支店長時代の2002年に『非情銀行』（新潮社）で作家デビュー。03年、49歳で同行を退職し、執筆生活に入る。その後、日本振興銀行の社長就任、破綻処理など波瀾万丈な50代を過ごす。現在は作家、コメンテーターとしても活躍。著書に『失格社員』（新潮文庫）、『ラストチャンス　再生請負人』（講談社文庫）、『我、弁明せず』『成り上がり』『怪物商人』『翼、ふたたび』（以上、ＰＨＰ文芸文庫）など多数。

ＰＨＰ文庫　50代の壁
人生の分かれ道を決断する36のヒント

2022年９月15日　第１版第１刷

著　　者　江　上　　剛
発 行 者　永　田　貴　之
発 行 所　株式会社ＰＨＰ研究所
東京本部　〒135-8137 江東区豊洲5-6-52
PHP文庫出版部　☎03-3520-9617（編集）
普及部　☎03-3520-9630（販売）
京都本部　〒601-8411 京都市南区西九条北ノ内町11
PHP INTERFACE　https://www.php.co.jp/
組　　版　有限会社エヴリ・シンク
印 刷 所　株式会社光邦
製 本 所　東京美術紙工協業組合

ISBN978-4-569-90252-4

PHP文庫

棒を振る人生

指揮者は時間を彫刻する

佐渡 裕 著

2015年からウィーンへ渡り、指揮者として活躍する佐渡裕。楽譜について、指揮者が考えていること、音楽と仕事を振りかえる。